LA

VIE PARISIENNE

SOUS LOUIS XVI

PARIS. — IMPRIMERIE P. MOUILLOT

LA

VIE PARISIENNE

SOUS LOUIS XVI

PARIS

CALMANN LÉVY, ÉDITEUR

—

1882

PRÉFACE

Ce récit de la Vie de Paris sous Louis XVI *est resté enfoui pendant près d'un siècle au fond d'un tiroir; le manuscrit, d'une écriture droite sur gros papier jaune, est l'œuvre de François Cognel, mort en 1844, à l'âge de quatre-vingt-deux ans; il avait, par conséquent, vingt-cinq ans quand il fit ce qu'il appelle* « son grand voyage ».

M. Cognel, appartenait à une ancienne famille de robe, et, magistrat lui-même, il fut

longtemps conseiller à la cour royale de
Nancy ; il jouissait d'une haute réputation
de science judiciaire et d'intégrité. Aussi aimé
que respecté, on le prenait souvent pour arbitre
et pour guide. C'était un beau vieillard
aimable et gai, d'un esprit original et d'une
grande bonté.

Son ami Thiry qui, pour deux mois d'ab-
sence, avait alors le mal du pays, dut s'ha-
bituer à perdre de vue les rives de la Meurthe,
car il parcourut vaillamment la carrière militaire et devint général; son frère eut pareille
chance, et les deux généraux Thiry prirent
leur retraite à Nancy. Leur petite-nièce a
épousé le marquis de Ludre, chef d'une maison alliée deux fois aux ducs de Lorraine.

Quant au troisième voyageur, Jacquinot, c'était un type tout à fait particulier. Entreprenant et intrépide, il partit pour Paris à l'âge de douze ans, à pied, avec huit sous dans sa poche.

Assailli un soir dans la forêt de Toul, par trois voleurs, il en tua un, et fit, plus tard, prendre les deux autres qui furent guillotinés.

Il porta, toute sa vie, de la poudre et des culottes courtes.

L'aîné de ses fils fut maire de Pont-à-Mousson, le second colonel, et le troisième général

LA

VIE PARISIENNE

SOUS LOUIS XVI

Nous sommes partis de Nancy pour Paris
le 7 mai 1787, à midy, par la diligence, les
mauvais tems nous aïant empêchés, depuis
huit jours, de partir à pied suivant notre
projet. Nous avons trouvé dans la diligence
un Anglais et un Bernardin ; le Bernardin
inepte et fatigant ; l'Anglais, instruit et
lettré, nous a procuré beaucoup d'agrément,
durant le voyage, par sa conversation variée.

Nous avons pris, au château Carré,
M. Plessis, que des affaires appeloient à

1

Paris; il s'est offert fort honnêtement à
nous y donner tous les renseignemens qui
pourroient nous être nécessaires. A une
demi-lieue de Toul, nous avons pris M. de
Gerbeviller, qui alloit rejoindre son régi-
ment ; cet officier, d'un abord très-froid,
gagne à se faire connoître ; c'est un homme
aussy honnête que raisonnable.

Nous avons monté la côte de Fouc par
un temps détestable qui fesoit craindre à
l'équipage de voir la diligence retourner en
arrière. A Void, en changeant de chevaux,
nous fîmes recrue d'un fort bel officier,
M. de la Framboisière, seigneur d'une terre
des environs ; son début ne fut point des
plus aimables ; il paroissoit plein de suf-
fisance, mais devint ensuite plus courtois
quand il put reconnoître, que sans être de
son rang, nous étions des gens de bonne
éducation.   ‘

Près de Void, nous aperçûmes Remivals
abbaye de Prémontrés, qui nous donna une

haute idée de la prudence monacale ; cette abbaye, construite sur la route, luy tourne néanmoins le dos, sans avoir de ce côté une seule ouverture, pour éviter probablement aux religieux la vue des voyageurs et surtout des voyageuses.

A Saint-Aubin, nous fûmes surpris par la nuit, et, les chevaux de ce relays refusant de marcher, nous crûmes que nous ne sortirions jamais de ce village ; ce ne fut qu'après une demi-heure de lutte et de juremens que nous partîmes. Nous arrivâmes à Ligny, à onze heures du soir, par une pluie battante ; nous descendîmes dans la dernière auberge à l'extrémité de la ville du côté de Paris ; nous y fûmes bien traités et à bon compte ; on nous donna des truites parfaites ; le lendemain, nous uous levâmes à trois heures du matin pour parcourir Ligny, dont les rues sont larges et les maisons, très belles, bâties en pierre. de taille ; il y en a une qui a douze fenêtres

de face ; Ligny passe pour avoir fort bonne
société, et a pour promenade un parc considérable, le long duquel coule le ruisseau
hanté par les excellentes truites.

A Bar-le-Duc, Jacquinot eut l'idée d'aller chez M. Arnould, dit Bichinosa, conseiller au bailliage de cette ville, pour
renouer connoissance avec sa gouvernante,
servante maîtresse bien pomponnée et qu'il
désiroit fort revoir en passant ; mais ce
magistrat, qui tenoit à la donzelle pour son
propre compte, prit mal la chose, et fit
sentir à Jacquinot que cette galanterie
n'étoit point de son goût. Cela nous fit
perdre une invitation à dîner qui nous eût
sans doute été faite ; car nous avions une
lettre pour M. Arnould, dit Bichinosa, dont
le caveau passe pour aussy bien garni que
la bibliothèque.

Bar est divisé en deux parties : la ville
haute, vue du bas, présente un tableau fort
agréable ; les maisons de la ville basse sont

fort belles ; nous avons vu la côte des Anto-
nistes qui produit le vin si justement renommé dont le célèbre cardinal de Lorraine se servoit pour amener à son opinion
les Pères du Concile de Trente.

Nous arrivâmes à Saint-Dizier, où se fit la
fouille de la diligence ; nous dînâmes à
l'*Arbre d'or*, où nous fûmes fort bien traités
pour vingt-cinq sous. Les rues de Saint-
Dizier sont très larges, ce qui donne à cette
ville un aspect désert.

De Saint-Dizier à Vitry, la route, plantée
d'arbres, est fort belle. Nous n'avons passé
qu'une heure à Vitry pour y changer de
chevaux ; mais ce temps a suffi pour nous
donner une idée de la coquetterie des dames : elles se retournoient pour nous regarder, et, étant passés deux fois devant la
maison de l'une des plus huppées de la ville,
madame Deloche, elle se mit à ses vitres,
et s'y tint jusqu'au moment de notre départ ; elle nous lança alors un tel regard

accompagné d'un salut, que Thiry vouloit
rester, car c'est un garçon très prompt à
s'enflammer.

A Châlons, nous descendîmes à l'hôtel du
Palais-Royal, où on nous fit payer fort
cher un très mauvais souper. Là, nous nous
séparâmes de nos compagnons de route,
non sans regret ; car nous avions lié connoissance d'une façon agréable.

Il n'y a guères de remarquable, à Châlons, que l'hôtel de ville, dont l'entrée semble défendue par quatre lions en pierre ;
la salle de comédie est petite, la cathédrale fort simple ; les promenades très
soignées, et de belle étendue. Mais cette
ville est déparée par le sexe qui n'est pas
beau, et porte des habits sans goût : il s'y
coëffe en chignons de cérémonie avec le
déshabillé du matin.

La plupart des maisons, ainsy qu'à Saint-
Dizier et à Vitry, sont en bois, ce qui rend
les rues fort tristes ; elles sont, en outre,

mal pavées ; la Marne traverse une partie
de la ville ; les ponts sont tous en fort mauvais état ; il y a beaucoup de bateaux dans
le port, et un coche d'eau sur lequel on
s'embarque pour Paris.

Nous sommes rentrés à notre auberge
pour déjeuner, et sortis en maudissant notre hôtesse et sa mauvaise chère. Comme
les chemins devoient être gâtés par les
pluies, nous avons pris un cabriolet pour
nous conduire jusqu'à Cézanne ; mais, le
tems nous paroissant beau, nous en avons
baissé le ciel aux portes de Châlons. L'ari-
dité et la sécheresse des campagnes nous
fit bientôt connoître que nous étions dans
la partie de la Champagne vulgairement
appelée Pouilleuse ; nous fîmes quatre
ieues par des chemins déserts sans voir ni
un arbre ni une maison, et nous nous arrêtâmes, pour rafraîchir, à Ville-Vanneuse ;
ce village, ainsy que tous ceux de Champagne, est bâti en craye, et couvert de

chaume. En sortant de là, nous fûmes
pris par la pluie qui ne nous quitta plus
et nous perça jusqu'aux os. Avis aux
voyageurs pour ne pas se défaire légèrement du ciel de leur cabriolet. Indépendamment de la pluie, nous courûmes ris-
que plus d'une fois d'être culbutés ; les
chemins, abymés par les mauvais temps,
offroient à chaque pas des ornières pro-
fondes dont notre voiture eut mille peines
à se tirer.

Parvenus enfin à Fère-Champenoise, fort
beau bourg dont les maisons sont alignées,
nous descendîmes au *Lion d'or,* où nous
fûmes bien régalés, et à bon compte. Il
y avoit fête solennelle pour l'anniversaire
d'un incendie qui avoit consumé presque
entièrement le bourg ; nous assistâmes à la
bénédiction dont le but étoit de détourner
à l'avenir pareil malheur.

Nous avons quitté la Fère le 10 à sept
heures du matin ; notre hôtesse, très ba-

varde, mais fort complaisante, fit couvrir
notre cabriolet avec un drap qui suffit pour
nous garantir d'une grosse pluie et nous
arrivâmes, sans être mouillés, à Cézanne,
où nous descendîmes chez l'oncle de Jacquinot, M. Maury, qui nous reçut fort honnêtement et nous conduisit le soir au spectacle ; on jouoit *l'Enfant prodigue* et *la
Laitière* : des acteurs, en haillons, débi-
toient cela comme des enfans débitent
une fable, et le théâtre, installé dans une
grange, n'étoit séparé d'une écurie que par
des draps ; les hennissemens fréquens qui
se fesoient entendre étoient les seuls applaudissemens reçus par les acteurs. Pour
nous dédommager d'avoir assisté à cette
représentation, M. Maury nous offrit un
excellent souper arrosé de vins supérieurs ;
le lendemain, il nous fit descendre à son
caveau, où nous fûmes pénétrés de respect
à la vue de plus de quatre milliers de bouteilles rangées avec un ordre admirable.

Il nous montra ensuite la ville, qui n'est pas belle, mais d'une grande propreté, entretenue au moyen d'un ruisseau qu'on fait couler sur le pavé tous les jours pendant quelques instants pour le nettoyer.

Nous quittâmes Cézanne le 12 à trois heures après midy, pour nous arrêter à Go, chez le Prieur, dont l'accueil ne répondit pas à notre attente. Il nous reçut fort mal quoique M. le docteur Maury nous eût donné une lettre de recommandation pour luy, et que Jacquinot s'annonçât comme étant le neveu de ce médecin qui l'a tout dernièrement tiré d'une grande maladie. Cela nous étonna d'autant plus que ce Prieur avoit une réputation d'amabilité très vantée à Cézanne. Nous nous sommes empressés de continuer notre route pour arriver à pied à Montmirel par des chemins détestables. Montmirel, à cinq lieues de Cézanne, est situé sur une montagne ; on y fabrique des ouvrages en acier.

Nous sommes partis, le 13, à quatre heures du matin, après avoir remarqué qu'à
l'hôtel de la *Poste*, où nous étions descendus, on n'avoit pas beaucoup d'égards
pour les piétons ; nous avons déjeuné à
Vieux-Maisons, rafraîchi à la Ferté-sous-
Jouard, et nous sommes venus coucher à
Saint-Jean-les-Jumeaux assez fatigués de
cette journée de marche de dix lieues.

Le 14, nous sommes arrivés à Meaux pour
déjeuner à l'hôtel des *Trois-Rois,* où on
nous servit des maquereaux, poisson de
mer bien conservé quoiqu'ayant un léger
goût de décomposition ; mais, n'aïant
jamais mangé que du poisson de rivière,
nous en voulûmes faire la différence. Jacquinot, seul, le trouva bon ; après avoir
visité la cathédrale, nous sommes repartis
pédestrement pour aller coucher à Bondy.
Depuis Vert-Galant, en traversant Livry,
Bondy, Pantin, tout annonçoit l'approche
de Paris : de superbes maisons de cam-

pagne, des villages bien peuplés, l'abon-
dance du gibier qui sembloit familiarisé
avec l'homme, tout en un mot donnoit déjà
l'idée de l'opulence de la capitale.

Nous arrivâmes le 15, à neuf heures du
matin, aux portes de Paris ; après avoir
déjeuné dans une guinguette, nous allâmes
chez M. Henrion, notre compatriote, qui
nous a conduits rue Montmartre, hôtel d'*Artois,* vis-à-vis l'entrée des diligences, où
nous avons trouvé un appartement tout
disposé à nous recevoir ; il étoit composé de
trois pièces : deux au premier sur la cour,
et la troisième au second, également sur la
cour. Nous avons été, sur-le-champ, retirer
notre malle, arrivée avant nous, et que nous
n'avons pas eu de peine à avoir ; puis nous
nous fîmes coëffer pour aller au Palais-
Royal.

La beauté des bâtimens, la régularité et
l'élégance des arcades, la magnificence des
boutiques, ne nous frappèrent pas encore

autant que la quantité de monde qui y
abonde à l'heure de midy ; c'est le rendez-
vous des étrangers, des désœuvrés de Paris,
et des plus charmantes filles de la capitale.
Elles y paroissent toutes vêtues avec un
goût supérieur, et, si ce n'étoient les regards
qu'elles jettent en passant, et les discours
qu'elles tiennent, même aux nouveaux
débarqués, on les prendroit pour des dames
de la cour.

A trois heures, nous allâmes dîner, avec
M. Plessis, chez Hue, au passage des Petits-
Pères où l'on est très bien servi pour trente-
deux sols ; la salle est vaste, et soixante à
quatre-vingts personnes y mangent, par
groupes, à des tables différentes ; ce qui
rend le service long et difficyle. Au sortir
de là, nous fûmes nous promener dans la
rue Saint-Honoré ; cette promenade n'a pas
démenti ce qu'on nous avoit dit de cette
rue ; nous ne vîmes de tous côtés que filles
élégamment vêtues, agaçant les passans.

et les invitant à entrer chez elles ; il est
d'usage d'ailleurs, dans certains quartiers
de Paris, d'entrer, quand cela convient,
chez toutes les femmes que l'on voit aux
vitres ; cette exposition de leur personne
autorise à cette démarche ; cela nous fit
penser à madame Deloche, de Vitry qui ne
se doute probablement pas qu'en agissant
dans la capitale comme en Barrois, elle se
feroit prendre pour une fille.

Nous sommes revenus promptement au
Palais-Royal, très préférable à la rue Saint-
Honoré, et nous sommes entrés aux *Beau-
jolais*, petit spectacle qui a été fort goûté
et commence à ne plus l'être : des enfans
de douze à quatorze ans font des gestes sur
le théâtre, et d'autres chantent dans les
coulisses ; la précision avec laquelle les
gestes répondent aux paroles fait une illusion complète ; la salle, petite, est bien
décorée ; on jouoit *le Curieux puni,* opéra-
comique ; *le Bouquet,* comédie, et *le Faux-*

Serment ; nous en sommes sortis à neuf
heures pour jouir du brillant coup d'œil
offert par le Palais-Royal, illuminé non-
seulement par un reverbère entre chaque
arcade, mais par la quantité de lumières
dont les boutiques sont éclairées ; ce qui en
fait ressortir la richesse, et forme un sai-
sissant contraste avec les sombres allées
de marronniers.

C'est à ce moment-là surtout, à l'issue
des spectacles, que les filles, en costumes
de gala, viennent exercer le pouvoir de
leurs charmes ; d'abord, elles se promè-
nent avec un tel air de décence que l'é-
tranger, qui n'est point au fait de leurs
habitudes, leur accorde tous ses respects ;
mais bientôt, si on ne va pas à elles, elles
s'offrent comme un marchand offre sa mar-
chandise, et, dès que le but de leur promenade est atteint, elles emmènent chez elles
leur proie, ou se font conduire dans l'enceinte du Palais-Royal, dans des lieux qui

ont le nom de grottes : il y a les grottes
angloises, les grottes flamandes, et enfin
le caveau ; ce sont des salles sous terre où
on sert des soupers délicieux, mais tellement chers, que, si l'on n'y est attentif, on
vide sa bourse sans s'en douter. On trouve
aussy dans les grottes des nymphes de relays en cas où celles qu'on a amenées ne
répondent pas à l'attente ; il est d'usage,
parmi ces filles, de prendre au commen-
cement du souper des airs de grandes
dames ; mais, dès que le vin les échauffe,
le souper devient orgie, et il convient,
dans ces notes, de tirer le rideau sur ce tableau.

Le lendemain, encore impressionnés de
tout ce que nous avions vu, nous sommes
restés à notre hôtel jusqu'à dix heures du
matin, et, en sortant, nous avons été arrêtés à la rue Neuve-des-Petits-Champs,
par une grande affluence de monde de
tout état, qui attendoit avec impatience la

décision du sort ; c'étoit le bureau de la
Loterie royale qui se tiroit dans ce moment ; cette cérémonie se fait avec toute
la pompe propre à tranquilliser le public
intéressé : le lieutenant général de police
luy-même qui, dans son gouvernement, est
réputé ministre, est debout sur une estrade accompagné de plusieurs autres officiers ; sur la même estrade se trouve la
roue de la fortune près de laquelle se tient
un enfant les yeux bandés ; la roue tourne ;
un petit guichet s'ouvre ; l'enfant avance
la main, prend le billet qui se présente,
le remet au magistrat qui l'ouvre, les
mains élevées en face de la foule ; dès que
le numéro est tiré, il est mis en évidence
sur un tableau, et, lorsque tous les numé-
ros sont sortis, le bruit redouble ; la foule
alors se retire, en maudissant le sort, et
prête néanmoins à le tenter de nouveau.

Après avoir vu ce curieux spectacle, nous
sommes descendus sur la place Vendôme

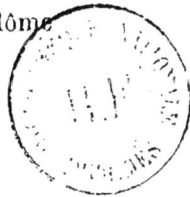

3

et nous sommes entrés dans l'église des
Capucins, qui y fait face ; nous y avons remarqué le tombeau de la marquise de
Pompadour, qui, par sa simplicité, ne répond pas au crédit dont a joui cette favorite pendant si longtemps. La statue de
Louis XIV est au milieu de la place Vendôme ; l'attitude en est admirable et le
cheval aussi royal que le cavalier.

Nous avons vu aux Feuillans le tombeau
de Henri de Lorraine, duc d'Harcourt ; la
chapelle est soutenue par des colonnes de
marbre ; mais ce qui mérite surtout l'admiration, ce sont les vitres du cloître, vrais
chefs-d'œuvre de peinture représentant les
principaux événemens de la vie du fondateur de l'ordre et ses miracles.

Nous sommes ensuite allés voir MM. Cu
nien et Bizot, avec lesquels nous avons
dîné rue de la Jussienne ; puis nous avons
vu la façade de l'hôtel de ville, qui est fort
antique ; devant est la place de Grève.

Nous avons été, de là, à la Bastille ; ce monument, élevé et entretenu par le despotisme où vient expirer la liberté des citoyens, inspire la terreur par son seul aspect ; ses murailles sombres, la tristesse mystérieuse de ses tours, l'isolement où le laisse le large fossé qui l'environne, le rendent effrayant et on ne peut que gémir à la pensée qu'au milieu de la capitale de la France, se trouve un lieu destiné à dérober arbitrairement les citoyens à la société.

Nous avons été, en quittant la Bastille, par les boulevards, chez Audinot, où nous avons vu jouer *les Trois Léandre, le Charlatan,* et *le Pacha généreux* ; les acteurs de cette troupe sont médiocres ; il n'y a d'estimé que Julie, réputée pour la plus jolie femme de Paris ; c'est elle qui fait la vogue du théâtre.

Le 17, nous avons visité la place Royale, où se trouve une statue équestre du roi Louis XIII, élevée par son ministre le car-

dinal de Richelieu ; puis nous avons passé
le pont Neuf, où la statue, également équestre, de Henri IV rappelle le souvenir agréable d'un monarque père de ses peuples.
Nous sommes allés ensuite à Sainte-Gene-
viève-la-Nouvelle, dont nous n'avons pu voir
ce jour que la façade, qui est magnifique ;
seize colonnes de soixante pieds de haut en
décorent le péristyle. Après une course de
deux heures dans ces quartiers au delà de
la Seine, nous avons traversé le Jardin du
roy et pris un batelet qui nous a déposés de
l'autre côté du fleuve, et nous nous sommes
joints à différens Lorrains au Palais-Royal
pour y diner ensemble.

 Après le diner, nous avons été faire un tour
de boulevard, promenade qui règne autour
de Paris ; elle consiste en deux grandes avenues de quatre rangs d'arbres chacune où
se tiennent les gens à pied ; au milieu est
une chaussée très large destinée aux voitures ; dans les tems de sécheresse, on

arrose cette chaussée deux fois par jour;
les jours de fête, quand il n'y a pas de divertissemens publics, les boulevards sont le
rendez-vous de tout Paris ; on y voit quatre
files de voitures non interrompues pendant
l'espace de plus de deux lieues; le fiacre
délabré y figure à côté du plus brillant
équipage ; le long de cette promenade se
trouvent les plus beaux hôtels de Paris, et,
indépendamment des spectacles de Nicolet
et Audinot, il y a différentes curiosités qui
se montrent au peuple à très bon compte.
on voit aussi trois ou quatre cafés fort bien
décorés où, depuis deux heures après midy
jusqu'à onze heures du soir, un orchestre
nombreux se fait entendre sans disconti-
nuer.

Nous sommes entrés, M. Plessis et moi,
dans un de ces cafés où nous sommes restés
jusqu'à neuf heures du soir, le mauvais
tems nous ayant retenus ; nous n'eûmes
point, il est vrai, le loisyr de nous ennuyer

nous étant accointés d'une femme fort aimable dont la conversation étoit aussy
variée qu'instructive ; car elle connoissoit
les seigneurs de la Cour, et nous raconta
sur plusieurs d'entre eux des anecdotes et
des particularités intimes qui nous firent
apprécier le néant des grandeurs ; cette
dame, ou plutôt cette fille, nous quitta
aïant quelque chose à faire à neuf heures
et demie.

Jacquinot et Thiry étoient allés au con-
cert spirituel, où se rassemblent tous les
virtuoses de Paris ; il a lieu dans une salle
fort spacieuse des Tuileries ; on y avoit
exécuté des symphonies très applaudies ;
une demoiselle Bernard y avoit débuté ;
mademoiselle Vaillant avoit chanté aussy,
et mademoiselle Moullinguen ravy les au-
diteurs par les sons enchanteurs qu'elle
avoit tirés de son forte-piano. Mais ce qui a
surtout fait plaisyr, ce sont deux enfans de
huit à neuf ans, dont l'un joue du violon et

l'autre de *la violoncelle* avec la plus grande
perfection. Nos deux amateurs, revenus
fort enthousiasmés de ce spectacle, se sont
rabattus au Palais-Royal, où ils ont voulu
se donner des airs de bonne fortune ; mais,
arrivés au dénouement, pris de peur, ils
ont, en braves champions, retiré leur épin-
gle du jeu.

Dans la matinée du 18, nous allâmes,
Thiry et moi, lever un habit de drap chez
un tailleur, assez honnête homme, qui
porte le nom de Lhabie, assorti à sa profession ; il demeure rue Montmartre, près
l'église Saint-Joseph ; nous avons aussi fait
emplette de bas de soye dans un magasin à
prix fixe, au coin de la rue Saint-Honoré,
près le Palais-Royal ; puis, après avoir dîné
au passage des Petits-Pères, nous sommes
allés à l'Opéra.

Nous eûmes le temps d'examiner la salle
avant le lever du rideau ; elle est spacieuse, bien décorée, et il est difficile de

concevoir qu'elle ait pu être construite en
si peu de tems ; on n'a employé que
septante-cinq jours à la bâtir ; elle est
totalement en bois, les ouvriers ne l'avaient
garantie que pour cinq ans ; il y en a bientôt sept qu'elle dure, et on ne parle pas
d'en bâtir une nouvelle ; on se contente
d'en faire la visite de tems à autre. La
façade donne sur le boulevard Saint-Martin ; le rideau du théâtre est de toute
beauté ; il représente Appollon qui cou-
ronne les Arts ; près de luy sont les Grâces.
L'ouverture d'*Alcindor* s'est enfin fait entendre ; la puissance du premier coup d'ar-
chet, et la précision de l'orchestre annoncent le plus grand spectacle de Paris ; le
théâtre est très spacieux, les décors brillans et se succédant à profusion dans cette
pièce, qui ne se soutient que par la jouissance des yeux. Lays, dans le rôle d'Alcindor, Chéron dans celui du Génie, mesdemoiselles Maillart et Gavaudan ont déployé

tout le talent qu'exigent les premiers rôles
dont ils sont chargés. On est émerveillé du
jeu des machines, de la promptitude avec
laquelle s'exécutent les coups de théâtre ;
mais ce qui surprend davantage encore,
c'est la grâce des danseuses, leur légèreté.
Mesdemoiselles Guimard, Saulnier et Za-
charie ne sembloient pas toucher terre, et,
quand on a cessé de les voir, on ne peut se
défendre d'y songer constamment. Gardel,
par la variété surprenante de ses pas et la
puissance de ses battemens, seconde parfaitement mademoiselle Guimard, surnom-
mée à juste titre la déesse de la danse, et
qu'il enlève aussy facilement qu'il feroit
d'une plume pour prendre avec elle les
attitudes les plus enviables.

Le 19 au matin, nous avons été voir
Saint-Eustache ; le tombeau de Colbert est
près du grand autel ; l'Humanité et l'Abon-
dance en sont les ornemens. Nous avons
vu aussy la nouvelle halle, bâtiment spa-

4

cieux construit en forme de dôme et cou-
ronné de vitres ; nous sommes ensuite allés
aux anciennes halles, où se rend de préfé-
rence le menu peuple ; une activité bruyante
y règne, et les propos qui s'y tiennent ne
sont qu'un échange d'insultes et d'injures
grossières ; nous avons vu l'église du Saint-
Sépulcre, et, dans la matinée, nous sommes allés aux Thuileries, jardin public assez
étendu qui fait face au palais de ce nom ;
le parterre est orné de fort belles statues
de marbre ; au milieu se trouve une pièce
d'eau considérable, mais malheureusement
croupissante ; à la sortie du parterre, nous
parcourûmes une promenade où l'ombre
est impénétrable, les arbres étant d'une
hauteur prodigieuse et leurs branches s'en-
tremêlant ; cet endroit est le rendez-vous
des bourgeoises honnêtes et des dames de
qualité qui, n'aïant point carrosse, désirent
prendre l'air sans être coudoyées par des
filles ; elles s'y font apporter dans leurs

chaises que les porteurs déposent à l'entrée ; cela a très bon genre, et l'on sçait, en
entrant dans ce jardin, qu'il est le refuge
de la vertu.

En sortant des Thuileries, nous avons
parcouru un lieu désert qu'on appelle les
Champs-Élysées, et nous sommes entrés
chez le célèbre M. Beaujon, dont le parc
est orné de statues de grand prix ; un
colombier très beau renferme des pigeons
d'une espèce rare et coûteuse ; on ne nous
a pas permis d'entrer dans les appartemens,
renommés pour le luxe et l'élégance des
ameublemens.

Nous avons été ensuite à Saint-Roch ;
l'architecture du portail est noble et simple ; les piliers légers ; la grille qui sépare
la nef du chœur un chef-d'œuvre ; au fond
de l'église, on voit la chapelle de la Vierge
ornée de deux figures colossales représentant l'Annonciation. De là, nous sommes
allés dîner à l'hôtel d'*Aligre*, où nous avons

été très mal servis pour trente-six sols ; il est
vrai de dire que, dans les lieux à la mode,
on a beaucoup moins d'égards pour les gens
de province que pour les seigneurs de la capitale ; pour bien dîner, il faudroit pouvoir
montrer au propriétaire de l'auberge un ta-
lon rouge, ou arriver en équipage de haute
finance, la monnoye sonnante étant au
niveau des titres aux yeux de ces gens-là.

Après le dîner, nous avons visité Saint-
Germain-l'Auxerrois ; cet antique monument
n'est pas beau ; mais on y admire le tombeau
du comte du Caylus, ouvrage en porphyre
qui unit le mérite de la sculpture à la ra-
reté de la matière. Nous sommes allés, de
là, voir la Samaritaine, machine destinée
à porter l'eau de la Seine aux Thuileries en
cas d'incendie ; le mécanisme est à peu
près le même que celui des salines de Lorraine, mais cette machine est fort négligée
et la découverte des pompes à feu la fera
tomber totalement.

Nous nous sommes promenés le long des quays ; la Seine, qui sépare Paris en deux parties, doit être regardée comme sa nourrice ; les marchandises arrivent par elle de toutes parts, et, de Bercy à Chaillot, ce n'est qu'un immense port couvert de denrées, provisions et matériaux de toute espèce : chaque quay porte le nom des produits qui y débarquent plus spécialement.

Nous nous sommes ensuite rendus aux Italiens, après avoir, au coin de la rue du Bac, pris quelques rafraîchissemens dans un café fort bien hanté. On jouoit *les Deux Chasseurs et la Laitière* et *le Comte d'Albert*. L'entrée du théâtre est simple et majestueuse, la salle richement décorée ; mais on prétend qu'elle est mal construite pour le son et le jeu ; cette salle est sur une place assez vaste et les environs sont nouvellement bâtis. Au sortir du spectacle, le défilé des voitures a lieu avec un ordre parfait, et nous avons vu là de beaux équipages. Un

monsieur fort honnête, notre voisin dans
la salle, a eu la politesse de rester avec
nous sous le péristyle, pour nous nommer
les seigneurs et dames qui montoient dans
leurs carrosses ; cela nous a fort intéressés.
Nous avons trouvé en sortant les beautés de
la rue Saint-Honoré, dont les agaceries ne
connoissent pas de bornes ; deux d'entre
elles prirent Jacquinot et moi par le bras,
et nous bûmes une bouteille de champagne
sans dépasser les limites de cette collation.

Le lendemain, nous louâmes un batelet
qui nous conduisit à Passy, où nous avons
vu la Muette, rendez-vous de chasse de
Louis XV ; nous sommes entrés au bois de
Boulogne, parc éloigné de Paris de près
d'une lieue, et planté de bois clairs où l'on
vient en partie de plaisyr les jours de fête ;
on y voit le château de Madrid, ancienne
maison de playsance de nos rois, construit
par François 1er, à son retour d'Espagne,
sur le modèle de celuy où ce monarque fut

détenu : il est, dit-on, percé d'autant de croisées qu'il y a de jours dans l'année ; il étoit revêtu extérieurement de faïence ; mais son délabrement annonce l'abandon le plus complet de la part du souverain actuel.

Plus loin, se trouve Bagatelle, maison de playsance de Monseigneur le comte d'Artois ; les jardins sont dessinés à l'angloise, et renferment des rochers, des grottes avec eaux jaillissantes, des forêts, des prairies, des déserts, une montagne, un lac, une rivière et une cascade, le tout imitant péniblement la nature. Ce qui est étonnant, c'est qu'en parcourant toutes les parties du jardin, on tourne autour du pavillon sans l'apercevoir, quoiqu'il soit considérable, ains que ses dépendances, destinées à recevoir la suite de Son Altesse royale. Le prince occupe le pavillon du fond, dont la pièce principale est un salon octogone surmonté d'un dôme ; les décorations ne sont qu'en

plâtre, mais travaillées avec un très grand
art; les divers appartemens sont petits et
meublés avec simplicité; une propreté mi-
nutieuse règne partout. La chambre du
prince, en forme de tente, n'a d'autres
ornemens que des attributs de guerre, des
armes et des drapeaux. Le suisse nous offrit
obligeamment de diner chez luy, mais nous
fit payer cher la faveur d'avoir visité
Bagatelle sans une carte de la maison du
prince.

Nous sommes revenus à Paris par Neuilly,
et nous avons traversé les boulevards pour
nous rendre au Wauxhall, rendez-vous des
plus jolies filles de Paris; ce spectacle ne
se donne que les jeudis et dimanches : le
jardin est trop petit pour la quantité de
monde qui s'y rassemble; le salon très-
beau; on y monte par deux larges escaliers;
des élèves de l'Opéra y dansent; dans le
jardin, le carrousel et l'escarpolette contri-
buent aux divertissemens; les femmes y

affectent une tenue plus libre encore qu'ailleurs, et le jeu d'escarpolette permet beaucoup de licences distrayantes pour le spectateur, et qui néanmoins peuvent être
attribuées à des causes accidentelles. A dix
heures, des enfants exécutèrent un ballet ;
à neuf heures, on tira un feu d'artifice et,
à onze, nous rentrâmes à notre hôtel.

Le 21, nous allâmes voir la Monnoye,
magnifique édifice dont l'intérieur renferme six cours ; nous avons vu monnoyer
des louis avec une telle rapidité, qu'on en
fabrique cinquante-quatre dans une mi-
nute ; de là, nous avons été voir le cabinet
de la marine, au Louvre, où se trouvent représentées toutes les différentes sortes de
vaisseaux qui existent, et ont existé.

Au sortir du Louvre, nous avons pris un
fiacre qui nous a conduits à Saint-Denis.
Nous avons d'abord vu le jardin anglais de
l'ermitage de Ruillière ; l'art y est si bien
caché sous l'enveloppe de la nature, que le

philosophe même doit en faire ses délices ;
c'est, du reste, la retraite d'un militaire
respectable et respecté. Après avoir dîné
fort mal, nous sommes allés à l'abbaye ;
c'est là le terme de la puissance de nos
rois ; les richesses immenses entassées dans
le trésor, les marbres précieux dont les
tombes sont couvertes ne font pas au monarque un sort différent de celuy du plus
vil de ses sujets. Le trésor renferme des
reliquaires et des calices d'un prix inesti-
mable, les couronnes qui ont servi au sacre
de nos rois, l'épée de Charlemagne, sa cou-
ronne et son sceptre ; mais le morceau le
plus remarquable est un calice d'une seule
agate, très ancien, et travaillé si merveil-
leusement, que l'ouvrage dura, dit-on,
trente ans ; cet objet unique a été légué à
l'abbaye par un de ses abbés, le célèbre
Sugger ; on voit aussy le manteau royal de
velours pourpre parsemé d'hermine ; il
pèse cent quatre-vingts livres. Il y a per-

pétuellement dans le chœur, sous un dais
magnifique, une bière renfermant le corps
du dernier roi mort ; celuy de Louis XV, qu'on
n'a pu embaumer, a été enterré ; mais
néanmoins le catafalque est entouré de
lampes allumées nuit et jour. On voit avec
plaisir, au milieu des tombeaux de nos
rois, celui de Turenne ; le grand homme y
est représenté tombant entre les bras de l'Im-
mortalité ; près de luy, la France et l'Abon-
dance pleurent.

Nous n'avons pu entrer, comme nous
l'eussions souhaité, dans l'église que madame Louise a fait nouvellement construire,
et nous nous sommes fait reconduire à Paris,
où nous avons été au spectacle chez Nicolet.
La salle est petite et les acteurs médiocres ;
nous y avons vu jouer : *les Battus paient
l'amende, Vénus Pèlerine*, et le ballet de
la Rose et le Bouton ; le tout entremêlé de
danses et de sauts.

Le lendemain, nous avons été à Neuilly ;

le pont jeté sur la Seine passe pour le plus
beau de l'Europe ; il est aussy plat et uni
que le reste de la chaussée, et ses arches
sont à peine cintrées. Nous avons visité les
jardins de M. de Saint-James ; ils ont
coûté quatre millions ; aussy celuy qui a fait
cette folie est-il ruiné, et l'on vendoit, en
ce moment-là, chez lui ; il est impossible de
rien imaginer de plus beau en ce genre,
et Bagatelle n'est rien en comparaison ; ce
jardin est situé sur les bords de la Seine,
et, au moyen d'une pompe, des eaux y re-
montent formant des ruisseaux et des cas-
cades ; des grottes et souterrains sont surtout remarquables par le luxe qu'on a
déployé pour surpasser la nature ; ces
souterrains, très vastes, sont tapissés de
mousse, et ornés des plus précieux coquillages; on y trouve des cabinets de repos
dont les sièges sont formés d'arêtes de
poisson ; des nappes d'eau jaillissent au-
dessus de la tête, et on passe dessous sans

être mouillé ; le salon est éclairé par des
pierres jaunâtres transparentes qui laissent
pénétrer les rayons du soleil ; au sommet
d'un rocher se trouve un bassin : on y arrive par des promenades en corniche fort
bien dessinées ; enfin on croit être arrêté
par un chemin public, mais on entre dans
un nouveau souterrain, et on ressort dans
un jardin dont l'aspect est tout différent :
il est orné de ponts et de pavillons chinois
d'un grand luxe ; nous avons admiré
surtout une immense serre en forme de
fer à cheval ; elle renferme des plantes
merveilleuses, des champs d'ananas qui
arrivent à leur pleine maturité. L'habita-
tion du maître ne répond pas aux fastueu-
ses dépenses de l'extérieur ; c'est une demeure fort ordinaire.

L'esprit occupé de toutes les idées que
ce lieu ne peut manquer de faire naître,
nous sommes revenus gaiement à Paris
dîner au passage des Petits-Pères. Après

dîner, nous sommes allés voir le cabinet
d'histoire naturelle au Jardin du Roy ; tout
ce que la nature a produit de plus curieux
et de plus extraordinaire y est rassemblé
avec l'ordre qu'une main sçavante peut y
faire régner. Ce musée est l'œuvre de l'im-
mortel Buffon, dont le buste de marbre est
placé dans la cage de l'escalier. Nous nous
sommes promenés dans le Jardin du Roy,
rempli de plantes précieuses soigneusement
étiquetées ; les carreaux sont entourés de
grillages. Le défaut de ce jardin est, selon
moi, d'être trop découvert ; il y a cependant
un lieu destiné à la promenade où l'on
jouit d'un peu d'ombre ; sur le côté du
jardin se trouve un pavillon chinois très
élevé, du haut duquel on découvre presque
tout Paris.

En quittant le Jardin du Roy, nous
sommes allés aux François voir la centième
représentation de *Figaro*, qui commençoit
à cinq heures ; on se battoit à la porte pour

avoir des billets. Dazincourt, dans le rôle
de Figaro, est plein de naturel et de finesse ;
Molé remplit avec noblesse celuy du comte ;
la Sainval montre beaucoup de dignité et
de talent dans celuy de la comtesse ; la
Contat joue avec légèreté et gentillesse celuy
de Suzon ; la petite Olivier est pleine d'ingénuité dans celuy du page, et Belmont
met beaucoup de naïveté dans celuy du
jardinier ; l'ensemble des acteurs ne laisse
rien à désirer ; la salle, très spacieuse,
contient une foule de monde ; elle est construite avec régularité, et décorée avec une
simplicité vraiment noble ; il y a sept
rangs de loges, et, quelque part que l'on
soit placé, on ne perd rien du spectacle ; on
est assis au parterre, et c'est sans comparaison la meilleure place.

Le 23, nous sommes allés le matin chez
les Petits Pères, où Jacquinot et Thiry ont
acheté des semences ; elles sont renommées
dans ce couvent ; nous avons vu l'église

décorée de fort beaux tableaux et d'une
statue de saint Augustin grandement
estimée. On y voit aussy le tombeau du
musicien Lulli ; le portail est d'une belle
architecture. Nous avons fait ensuite chacun
différentes courses dans Paris, et nous
nous sommes rejoints aux Italiens, où nous
avons vu jouer *les Deux Tuteurs, le Mariage
d'Antonio,* et *les Méprises de la ressemblance ;*
cette dernière pièce n'est intéressante que
par la complication de son intrigue ; tous
les acteurs y ont déployé beaucoup de
talent ; nous avons vu jouer Narbonne ;
Chenar, qui le surpasse actuellement; Trial,
unique dans son genre, et Rozières. En femmes, mademoiselle Renaud, madame Gondy,
actrice supérieure dans les rôles de mère ; la
lubrique Rosalie, médiocre actrice, excelle
dans celui d'Antonio. Ce que l'on admire
surtout aux Italiens, c'est la légèreté et le
naturel du jeu des acteurs.

Le 24, nous avons visité le Palais ; l'archi

tecture en est imposante ; mais les voûtes
des nouveaux bâtimens, très spacieuses,
renferment un nombre considérable de
marchands de colifichets faits plutôt pour
prospérer dans une foire que pour occuper
les avenues du temple de Thémis. La grande
salle est formée de deux voûtes latérales
séparées par des piliers ; les côtés sont
remplis de libraires et de bouquinistes ; le
milieu est destiné aux procureurs, qui ont
chacun un petit bureau dans cette salle, où,
pour plus grande facilité, un clerc reçoit,
en leur nom, tous les actes relatifs à la
procédure. La Grande Chambre est remarquable par sa construction gothique : il y a
trois chambres des enquêtes ; une de la
Tournelle, une des Requêtes, la Chambre
des Aides, la Chancellerie, et tous les
greffes, qui sont immenses ; le vieux palais,
par derrière, n'est plus habité que par des
marchands.

Nous n'avons ouï plaider qu'à la Grande

6

Chambre ; nous n'en avons point été émer-
veillés, non plus que de la manière dont
M. Joly de Fleury, avocat général, a porté
la parole. Le palais est situé dans la partie
de Paris qu'on appelle proprement la Cité ;
près de là est la Cour des Comptes, où nous
sommes entrés ainsy qu'à la Sainte-Cha-
pelle.

Nous avons ensuite visité l'église Notre-
Dame, la plus riche du royaume, en raison
des chefs-d'œuvre qu'elle renferme ; sur le
portail, on voit vingt-huit rois de France, de
grandeur naturelle, sur une même ligne ;
les tableaux sont des peintres les plus
célèbres ; l'autel est revêtu de porphyre ;
dans la chapelle de Vintimille se trouve
un tableau de Vanloo ; dans celle de
Noailles, des marbres précieux ; mais la
chapelle la plus remarquable est celle de
la maréchale d'Harcourt, où l'on voit le
superbe mausolée que cette épouse fidèle fit
élever à la mémoire de son mari ; il est du

célèbre Pigalle ; le comte, à moitié dans le
tombeau, est représenté avec l'épuisement
de la maladie ; un ange tient le couvercle
du cercueil et semble le laisser tomber à
regret ; la comtesse, à genoux, prie la Mort
de différer ; mais la Mort lui montre le
sablier vide, et s'apprête à fermer le tombeau. Le trésor contient des choses d'une
immense valeur. On voit aussy dans cette
cathédrale la statue de Philippe le Bel, en
mémoire de l'entrée triomphante qu'y fit
ce prince à la suite d'une victoire. La
balustrade circulaire du sanctuaire, élevée
de plusieurs marches, est revêtue du marbre
le plus précieux ; les Vertus en bronze et
les statues de Louis XIII et de Louis XIV y
sont disposées en forme de cercle ; l'autel,
en forme de tombeau, est revêtu de porphyre.

Nous sommes allés le soir à la première
représentation d'*Hercule ;* cette tragédie
n'a été nullement goûtée ; l'intérêt est

faible, l'intrigue mal conduite et les scènes
languissantes malgré les efforts des acteurs
pour les animer. Laride a même trop outré
le rôle d'Hercule ; la Raucourt a très bien
joué ce uy de Déjanire. Mademoiselle Fleury
a éte applaudie dans celuy d'Iole, quoique
s'en étant à peine acquittée passablement.

Le *Tuteur*, qu'on a donné pour petite
pièce, nous a plu parce que nous y avons
vu jouer Dugazon. Nous sommes sortis
des François à neuf heures, et nous avons
été témoins du tumulte et de l'ordre qui y
règnent tout à la fois dans ce moment-là.
Les voitures y défilent avec un ordre surprenant, au moyen de gardes échelonnés
de distance à autre ; c'est une précaution
très nécessaire, la moitié de Paris n'ayant
de débouché que par une seule rue ; devant
le théâtre se trouve un espace non bâti,
les fossés n'étant pas comblés à cet endroit-
là. La façade des François est majestueuse
et ornée de colonnades ; dans un salon où

l'on vient se chauffer en hiver, et prendre
l'air en été, se trouvent les bustes des grands
hommes qui ont fourni les meilleures pièces, et, sur la cheminée, celuy de Molière
que cette troupe regarde comme son fondateur.

Le 25, nous commençâmes par célébrer
par un bon déjeuner qui coûta, pour nous
trois, sept livres dix sols, la majorité de
Jacquinot ; puis, gagnant les quais, nous
sommes passés près du pont au Change où
nous avons été témoins de la démolition
des maisons dont il est couvert; elles paroissent toutes fort vieilles, et menaçoient
ruine ; les ouvriers jetoient les premières
pierres et une foule nombreuse les regardoit.

Au pont Notre-Dame, nous avons vu une
machine dans le genre de la Samaritaine,
destinée également à conduire l'eau de la
Seine dans Paris. Nous sommes entrés dans
la rue Saint-Jacques, qui traverse la capitale
et rejoint la rue Saint-Martin ; nous avons

visité différentes églises où nous n'avons
rien trouvé digne d'être remarqué, sauf
une épitaphe fort originale dans celle de
Saint-Yves ; l'inscription, creusée sur pierre,
est mise en sens inverse, ce qui la rend in-
déchiffrable ; c'est celle d'un procureur
trop avide dont on a voulu ainsy flageller
la mémoire. Dans l'église des Mathurins,
l'autel est enveloppé d'une étoffe merveil-
leuse, la plus antique, dit-on, qui existe.

Nous sommes allés ensuite à l'église
Sainte-Geneviève, et nous y sommes entrés
n'en ayant admiré une première fois que la
façade ; une des ailes de ce superbe édifice
est absolument achevée ; il doit être en
forme de croisette avec un dôme très élevé
au milieu ; il y a vingt-huit ans qu'on y travaille, et l'on compte qu'il sera achevé dans
six, ce que j'ai peine à croire, vu ce qui
reste encore à faire.

Nous avons été aussy aux Gobelins ; la
manière tout à fait particulière dont le tra-

vail s'exécute est fort curieuse ; un bon ouvrier ne peut être formé qu'au bout de vingt
ans ; il y a deux méthodes' ; sur certains
métiers, les tentures se font de bas en haut ;
la trame est attachée au plafond, et, à mesure que l'ouvrage avance, il se roule sur
un autre cylindre fixé au plancher ; c'est
la nouvelle méthode et la plus facile ; l'ancienne est la même que celle de nos tisse-
rands : l'ouvrier, couché sur son métier, y
distribue ses soyes et ses nuances avec plus
de peine ; mais, dans l'une comme dans
l'autre, il ne voit pas ce qu'il fait ; le beau
côté n'est point sous ses yeux. On nous conduisit ensuite dans des salles où sont tendus
les morceaux finis ; il y en a qui valent
jusqu'à quarante mille francs, et ont coûté
dix années de travail.

Au sortir de là, nous sommes allés dîner
à la barrière de Fontainebleau aussy bien
qu'à Paris, et pour la somme de dix-huit
sols seulement ; on dîne sous des berceaux

de feuillage hantés aussy par des filles qui
ne sont plus à la mode, ou n'y sont pas
encore ; il y a ceci d'étrange à Paris, c'est
que ces femmes, parvenues à une véritable
décrépitude, trouvent encore à gagner leur
vie, tandis que, dans nos provinces, on ne
les voudroit même pas regarder, tant elles
ont un aspect repoussant ; elles sont couvertes de haillons entremêlés de vieux restes
d'ornements, dentelles sales et déchirées ;
bijoux de cuivre doré ayant perdu leur do-
rure, et étoffes précieuses en lambeaux,
raccommodées parfois avec des pièces d'in-
dienne. Les filles jeunes, plus mal vêtues
encore, laissent entrevoir par les trous
qui sont à leurs bas, par les déchirures de
leurs manches, ou par l'écartement de leur
fichu, des portions d'une chair qui n'est
certainement jamais lavée ; des ouvriers,
elles passent aux bourgeois de petits métiers, pour finir, quand elles ont quelques
charmes, par être couvertes de fou.reaux

de soye et avoir même chaise dorée et porteurs à leurs ordres.

Après ce dîner, qui fut une étude pour
nous, ayant échangé quelques paroles avec
nos voisines, dont l'une ne voulait pas quitter
Jacquinot, nous allâmes visiter la Salpê-
trière ; nous avons, en entrant, promis une
récompense à une portière pour nous
conduire dans tous les lieux où l'on peut
pénétrer ; la maison, qui contient sept
mille femmes, est gouvernée par des reli-
gieuses de l'ordre de Sainte-Claire, au nombre de douze. Les filles de joie sont au
nombre de deux mille quatre cents ; la célèbre madame de La Motte est classée parmi
elles sur les registres ; mais elle a une chambre séparée et n'est pas vêtue du même
costume qui est une étoffe grossière taillée
en sac. Notre portière, moyennant un sup-
plément de salaire, nous la fit voir ; il est
très vrai qu'elle ressemble au portrait de
notre Reine, et il y a en elle la manière de

se présenter d'une femme de qualité ; elle
parut étonnée de notre visite ; mais, comme
cela lui étoit probablement une distraction,
elle ne s'en offensa pas, et se prêta à nous
faire la conversation ; sa mise est celle
d'une dame en négligé, et elle étoit occu-
pée à parfiler quand nous entrâmes. Les
autres femmes sont cinq dans le même lit
On nous conduisit dans les cuisines où
règne une grande propreté ; sept chaudières contiennent la nourriture de ces sept
mille femmes ; deux de ces chaudières peuvent recevoir la totalité d'un bœuf ; la ra-
tion de chaque commensale est une chopine
de bouillon, une once de viande et trois
morceaux de pain par jour.

Nous parcourûmes différentes salles remplies de lingères et brodeuses, fileuses de
laine, couturières ; parmi ces femmes con-
damnées se trouvent quelques pensionnaires
à volonté qui sont venues chercher là un
triste refuge contre la misère. Nous avons

également visité la salle des infirmes et
impotentes, et celle des enfants abandon-
nés de tout âge ; les uns commencent à
travailler, les autres sont encore au berceau ; malgré tous les soins qu'on y ap-
porte, il y a dans ces salles une odeur qui
fait souhaiter au visiteur d'en sortir le plus
promptement possible ; ces différentes mi-
sères, offertes aux regards, sont d'ailleurs
émouvantes pour une âme sensible, mais
ce qui, incontestablement, affecte le plus,
c'est le spectacle des femmes privées de
l'usage de la raison ; elles sont en grand
nombre, et dans l'état le plus déplorable
lorsque leur folie est de nature à leur faire
perdre l'instinct de la propreté ; on nettoie
les salles deux fois par jour, et néanmoins
ces malheureuses vivent au milieu des im-
mondices, et sont semblables aux animaux
les plus stupides. Les folles, atteintes d'accès de fureur, sont enchaînées comme des
chiens à la porte de leur loge, et séparées

des gardiennes et des visiteurs par un long
couloir défendu par une grille de fer ; on
leur passe, à travers cette grille, qui règne
en face de chaque loge dans toute la longueur du couloir, leur nourriture et la paille
sur laquelle elles couchent ; au moyen de
râteaux, on retire une partie des malpro-
pretés qui les entourent.

Ce qui, dans toute cette visite, nous a le
plus frappés, a été la vue d'une jeune fille
de dix-huit ans, fort belle, à laquelle la
passion qu'elle avoit conçue pour un jeune
seigneur a fait perdre la raison ; si les fers
dont ses beaux bras sont chargés annoncent
qu'elle est sujette à des accès de fureur,
ses regards intelligents et touchants prou-
vent que, dans les intervalles de ses crises,
elle comprend l'horreur de sa situation ;
d'abord, elle se cacha au fond de sa
loge, puis en ressortit bientôt pour faire à
Thiry les gestes les plus engageans ; quand,
en revenant sur nos pas, nous revîmes cette

infortunée, elle étoit dans un état de nu-
dité complète et encore plus belle ainsy,
mais n'inspirant qu'une sensation de terreur ; plusieurs autres de ces misérables
enchaînées ne pouvant plus se rhabiller
elles-mêmes, sont tout à fait sans vête-
ments, ou à demi enveloppées dans des
couvertures de laine qu'on leur passe à
travers les barreaux de cette horrible cage.

Pour dissiper l'impression douloureuse
que nous ressentions, en sortant de la Sal-
pêtrière, nous allâmes aux Variétés, qui
est un des spectacles du Palais-Royal ; on y
jouoit *le Sculpteur, ou la Femme comme il y
en a peu, le Nouveau Parvenu* et *le Prince
Ramoneur*, pièce bouffonne ; la salle des
Variétés est petite et les acteurs médiocres,
à l'exception de ceux qui jouent des rôles
de valets. ;

Le 26, nous sommes allés aux Célestins,
dont l'église est très ancienne et contient
de grandes richesses ; dans la chapelle

d'Orléans, un groupe de trois Grâces soutient une urne ; cet ouvrage de sculpture
est admirable, mais n'a aucun cachet religieux ; dans celle des Montmorency, une
colonne de marbre blanc, entourée de
feuilles de laurier, supporte un vase de
forme antique, contenant le cœur du connétable ; elle est très belle.

De là, nous avons été à Bercy, où se
trouvent deux raffineries de sucre ; dans la
première, on nous a répondu assez grossiè-
rement de passer notre chemin ; dans la
seconde, après que le suisse nous eût dit
que sa consigne l'empêchoit de nous recevoir, nous eûmes la bonne fortune de ren-
contrer à la porte le directeur, plein d'honnêteté, qui nous accueillit et fit appeler un
maître ouvrier auquel il donna l'ordre de
nous faire voir tout ce qui pourroit nous
intéresser. Nous vîmes d'abord le sucre tel
qu'il arrive des îles ; on le met dans des
caisses où on le débrutit au moyen d'une

terre liquide qu'on étend sur la surface de
la caisse ; l'eau qui est dans cette terre,
passant à travers le sucre, entraîne toutes
les parties grossières sur une claye qui se
trouve au fond, et forme une matière noi-
râtre et gluante qui tombe dans des bassins destinés à la recueillir ; on exerce ensuite sur cette mélasse la même opération
que sur le sucre brut, et on en retire un
sucre de bonne qualité qu'on raffine dans
des chaudières ayant plus de dix pieds de
profondeur ; après quoi, on le met en moule
pour luy donner la forme sous laquelle on
nous le vend. Nous admirâmes le désinté-
ressement de notre conducteur, qui, après
avoir usé envers nous d'une grande com-
plaisance, refusa ce que nous avions cru
devoir lui offrir, et maintint son refus malgré nos instances. Ceci est à noter ; car à
Paris, chacun est disposé à faire payer fort
cher aux gens de province tous les agrémens qu'ils peuvent goûter dans la capi-

tale. Le directeur reçut avec beaucoup
de politesse notre visite de remercie-
ment.

En sortant de là, nous fûmes dîner à la
Râpée, renommée pour ses matelotes ; puis
nous allâmes au faubourg Saint-Antoine
voir la manufacture royale de glaces. Elles
arrivent des verreries coulées ; on les dé-
grossit d'abord en mettant glace sur. glace
avec du grès mouillé ; on les frotte pendant
quinze jours, ce qui leur ôte la moitié de
leur épaisseur ; puis on les passe au poli ;
cette opération se fait à l'émery et dure
cinq à six jours ; enfin on étame avec une
feuille d'étain sur laquelle on laisse couler
du vif-argent. On nous fit voir aussy les magasins où se trouve une glace de cent huit
pouces de hauteur sur soixante et dix de
largeur. Le tarif de la manufacture est de
cent pouces, et chaque pouce excédant ce
tarif se paye deux cents francs.

Le soir, nous fûmes, Jacquinot et moi, au

spectacle chez Nicolet, où on a joué *les In-
fortunes d'Arlequin, les Erreurs d'un jeune
homme du monde,* et d'autres mauvaises pe-
tites pièces. Thiry alla aux Variétés, où on
jouoit *Ruse contre ruse, ou Guerre ouverte,*
et *le Consentement inattendu,* petite pièce qui,
à un Arlequin près, ne dit pas grand'chose.
Thiry ne nous avoit pas faussé bande pour
la représentation des Variétés, mais pour
rejoindre une espèce de petite bourgeoise
fort avenante qui l'avoit encouragé à lier
connoissance ; cela ne tira pas à consé-
quence, et je crois qu'ils ne se rencontrèrent
plus ; cette aventure luy rapporta, paroit-il,
quelque agrément, et ne luy coûta qu'une
galette et une bouteille de limonade ; il ne
sut ni le nom ni l'adresse de la particulière,
dont il nous dit d'ailleurs beaucoup de bien.
Ce n'est qu'à Paris que semblables choses
peuvent se présenter ; la ville est si grande,
que, d'un quartier à l'autre, les maris ne
peuvent savoir ce que font leurs femmes, et

8

cela contribue sans doute à maintenir l'harmonie dans les ménages.

Le 27, nous sommes partis à huit heures du matin pour Versailles ; l'avenue superbe qui y conduit annonce la grandeur de ce séjour royal, habité par le premier souverain de l'Europe. Tous les arts semblent concourir à l'embellissement de ce palais ; des chefs-d'œuvre de tous genres y sont entassés, et l'or y est prodigué ; on ne peut concevoir que le maître de toutes ces richesses soit à la quête de ce métal. Ce jour, qui étoit celui de la Pentecôte, attire un concours inouï d'étrangers ; nous avons vu défiler la procession des cordons bleus, d'abord ; tous les grands qui en sont décorés sortent de l'appartement du Roy entre midi et une heure, se rendent par ordre à la chapelle ; viennent ensuite les princes du sang, puis les frères du Roy, et enfin le Roy ! Suivent immédiatement les princesses et la Reine donnant la main au

Dauphin. La physionomie du Roy annonce sa
grande bonté, et, quoique dépourvue d'au-
dace, son regard a une grande majesté. La
Reine, dont les traits ne sont cependant pas
d'un dessin parfait, semble plus belle qu'aucune dame de sa cour, en raison de la noblesse de sa figure et de la splendeur de sa
démarche ; la vît-on sous les plus humbles vêtemens qu'il serait aisé de deviner qu'elle est
née sur le trône ; cette grande dignité ne
nuit pas à sa grâce ; elle a un sourire enchanteur et une façon particulière d'in-
cliner la tête. Le Dauphin est un enfant
très joli, mais il paroît triste et mal por-
tant ; quoique à peine âgé de quatre à cinq
ans, il a assisté à la messe avec un air de
recueillement remarquable, n'ayant paru
se distraire qu'un seul instant pour faire
amitié au jeune duc d'Angoulême, fils de
M. le comte d'Artois ; on venoit justement
de donner le cordon à ce jeune prince, et
le Dauphin luy fit signe qu'il en étoit con-

tent. On est vraiment ébloui par la richesse des vêtemens des Souverains et gens
de la Cour. La Reine et les princesses sont
couvertes de pierreries étincelantes. On nous
fit voir la Duchesse de Polignac et la Princesse de Lamballe, les deux amies de la
Reine La musique de la chapelle est excellente ; les appartemens, qui sont immenses,
étoient remplis d'une foule de monde de
chaque état, chacun étant admis ; il est seulement ordonné de s'y présenter en bourse
et en épée ; tous les rangs sont confondus,
et les plus grands seigneurs y paroissent
oubliés tant la grandeur du maître écrase
tout ce qui l'environne. Nous nous sommes
promenés dans la grande galerie décorée
des tableaux les plus précieux et de statues
fort estimées ; le seul défaut qu'on y puisse
trouver, c'est que l'or n'est pas assez mé-
nagé: ses éblouissemens font, dans une cer-
taine mesure, tort aux objets d'art.

Après midi, nous avons pénétré dans les

appartemens des frères du Roy ; ceux de
Monsieur sont grands, mais meublés avec
simplicité ; chez le comte d'Artois, il règne
plus de faste ; nous nous sommes promenés
dans les immenses jardins ; nous avons surtout remarqué les bains d'Apollon tout en
marbre ; nous avons vu jouer les grandes
eaux ; le vent contrarioit un peu les effets,
mais le spectacle étoit magnifique. Toutes
ces eaux viennent de Marly ; on les élève à
cinq cents pieds au-dessus de la Seine pour
les rejeter ensuite à Versailles, à trois lieues
de là. La ménagerie nous a beaucoup intéressés ; le plus bel animal est un rhinocé-
ros de la taille d'un éléphant. Nous sommes
rentrés de nouveau dans les appartemens,
et la foule s'étant dissipée, nous avons pu
les voir plus en détail ; partout on remarque des trophées à l'orgueil de Louis XIV ;
il semble encore commander dans ce palais, qui est son ouvrage. Les écuries sont
immenses ; partagées en deux bâtimens,

elles contiennent des coursiers et des carrosses d'un prix infini. Nous sommes revenus à Paris à neuf heures du soir.

Le lundi 28, dans la matinée, nous avons
porté chez mademoiselle Guérin la lettre de
crédit que nous avions sur elle ; après avoir
reçu de sa part une réception fort honnête, le
mauvais temps nous a forcés de passer
toute notre journée au Palais-Royal, où
nous avons trouvé des distractions qui ne
doivent pas se narrer dans ce récit. L'avantage de la capitale sur la province pour ces
sortes de choses est très grand ; on y peut
employer fort agréablement quelques heures sans contracter la moindre obligation
pour le lendemain, et cela paroît si naturel
de part et d'autre, que le pauvre Thiry se
fit grandement rire au nez pour avoir de-
mandé, dans une rencontre de ce genre, le
jour et l'heure de la seconde ; il faudroit
être riche comme un fermier général pour
que les demoiselles dépourvues de sévérité

qui courent les allées du Palais-Royal aient
idée de revoir même le plus aimable gar-
·çon du monde ; il en est de leur part également ainsy à l'égard des jeunes seigneurs,
qui paient cependant plus généreusement ;
il faut avoir soin, du reste, de ne pas porter une forte somme sur soi, car ces demoiselles ont pour habitude de visiter les poches ; les gens de grandes manières doivent
donner la bourse entière, de sorte que, chez
elles, il y a des collections de bourses du
plus beau travail dont quelques-unes ont
sans doute été brodées par des dames de
haut parage qui ne présumoient pas le sort
réservé à leur cadeau. Ces bourses finissent
par être revendues à ceux qui veulent y
mettre le prix, de sorte que telle grande
dame est exposée à voir le travail sorti de
ses doigts, entre les mains de tout autre
que l'ami auquel elle l'avoit offert, et parfois même dans les mains d'un manant.
Après avoir dîné très agréablement pour

une somme convenue d'avance avec l'hô-
telier, nous sommes allés aux Beaujolois, où
l'on a joué *les Deux Jumelles*, ballet panto-
mime, *l'Amateur de musique*, et *les Deux
Jaloux*.

Le lendemain, nous avons été, dans la
matinée, aux Carmes de la place Maubert;
nous y avons vu le tombeau de M. Boulle-
noir, avocat fort célèbre; c'est un beau
monument élevé par ses enfants à la gloire
de leur père; nous avons dîné à l'hôtel
d'*Enghien*, où l'on attend pour être servi
qu'il y ait douze personnes autour d'une
table; on y est fort bien, mais cela coûte
quarante-quatre sols par tête; le soir, nous
sommes allés aux Italiens, où l'on jouoit
l'Amant auteur et valet ; puis la première
représentation du *Minutieux*, dont le ca-
ractère est fort bien saisi ; je remarque
qu'icy on se préoccupe plus de la vérité des
personnages mis en scène que de la chaîne
des événemens développés sous les yeux du

spectateur ; les habitants de la capitale
manifestent particulièrement leur satisfac-
tion quand la critique de certains carac-
tères est habilement rendue. Le spectacle
s'est terminé par *Féodore et Lisienska*,
pièce composée dans les mœurs russes lors
du passage du comte du Nord. Grangé a
joué dans les trois pièces, et y a déployé
beaucoup de talent ; mesdames Gondy, Des-
forges, Pitrot et Carlius se sont très bien
acquittées de leurs rôles. Il est à noter que,
toutes les fois qu'on représente une pièce
qui n'a point été jouée, chacun tient à
honneur d'y assister pour en pouvoir dire
son opinion ; il faut, pour se procurer des
billets, faire queue longtemps à l'avance,
et il règne dans la salle une espèce d'agi-
tation, certaines gens tenant à imposer
leur jugement aux autres.

Dans la matinée du 30, nous avons admiré la superbe colonnade du Louvre ; c'est
le morceau d'architecture le plus noble qui

9

existe en France : le Louvre est un palais
immense qui n'est point encore achevé ; les
ouvriers y sont continuellement ; c'est là
que se tiennent les académies de peinture
et de sculpture ; au reste, ce superbe palais
destiné à être la demeure de nos souverains
n'est plus occupé aujourd'hui que par des
marchands et des gens industrieux qui ont
eu le talent de s'y procurer un logement
gratis. Nous avons dîné à l'hôtel d'*Enghien*
où décidément l'on est mieux qu'ailleurs ;
cela coûte, il est vrai, environ une demi-
livre de plus. Après dîner, nous sommes
allés à Saint-Germain des Prés ; le taber-
nacle est un morceau très curieux par la ra-
reté du marbre de ses six colonnes ; la bibliothèque, immense, renferme un grand
nombre de volumes ; elle est surtout renommée pour ses manuscrits d'une grande antiquité ; on y voit les bustes en bronze de
tous les écrivains célèbres.

Le soir, nous sommes allés aux François

voir jouer *Briséis*, où on trouve des scènes
bien frappées et des vers très heureux ; on
a ensuite donné *l'École des bourgeois ;* nous
y avons vu Desessart, qui est l'acteur du
plus gros embonpoint ayant jamais paru
sur la scène ; on se demande comment il
peut encore se mouvoir, mais son jeu est si
naturel et si comique, qu'il n'offre aucune
prise à la critique.

Dans la matinée du 31 mai, nous sommes
entrés dans l'église des Pères de Nazareth,
rue du Temple, et dans celle des Pères de
Mercy. Nous avons vu le Temple proprement dit qui est le logement destiné au
grand prieur de France ; c'est actuellement
la demeure du comte d'Artois, qui l'occupe
à Paris au nom du duc d'Angoulême, son
fils ; dans l'enceinte du Temple, les banque-
routiers se trouvent à l'abri de leurs créan-
ciers. Nous avons ensuite visité l'École du
Génie, qui est dans ces quartiers ; il y a des
ouvrages de guerre et des plans admirable-

ment travaillés ; nous sommes revenus dîner
au passage de l'hôtel d'Aligre, et, de là,
nous nous sommes rabattus aux Italiens, où
nous avons vu jouer *l'Épreuve villageoise* et
Aucassin et Nicolette. Dans la première de
ces pièces, la fameuse Adeline tenoit avec
beaucoup de finesse le rôle de Denyse, et
Trial, avec une ingénuité remarquable, celui d'André. Philippe, dans la seconde pièce,
s'acquitte du rôle d'Aucassin aussy bien
que Michu. Ce qui est à mentionner, c'est
que les acteurs des grands théâtres semblent
être chez eux et ne paroissent aucunement
se soucier du public ; cela procure une
grande illusion et augmente l'intérêt offert
par la pièce, car on croit assister à des
événemens réels. En province, ils se donnent infiniment plus de peine pour plaire
au public, mais sans y réussir pareillement.

Le 1er juin, nous sommes sortis à huit
heures du matin ; nous avons gagné le
Louvre près duquel nous sommes entrés dans

l'église Saint-Louis, petite, mais qui doit
être regardée comme une des plus jolies de
Paris par sa régularité et son élégance ;
l'on y voit le mausolée du cardinal de
Fleury, exécuté en marbre avec toute la perfection qui caractérise les ouvrages de maître ; il est de Lemoine. Dans la chapelle de
la Vierge, on remarque l'Annonciation, ouvrage en stuc avec des bas-reliefs en marbre ; Lemoine est également l'auteur de ce
beau morceau.

Au sortir de cette église, nous avons passé
le pont Royal et sommes allés au palais
Bourbon ; l'on nous a montré tous les grands
appartemens qui sont de la plus noble simplicité ; moins magnifiques que ceux de Versailles, les décorations plaisent davantage.
Partout les exploits du grand Condé se trouvent retracés par les plus grands maîtres
sur des tableaux du plus grand prix. Dans le
salon de la Guerre, tous les ornemens sont
analogues au nom que porte ce salon. Nous

demandâmes à voir les petits appartemens,
qu'on dit être les plus beaux de tout Paris,
mais on ne les voit qu'avec permission ex-
presse du Prince. Notre conducteur, fils du
portier, et fort obligeant d'ailleurs, nous fit
laisser un mot d'écrit adressé à Son Altesse
Sérénissime pour l'obtenir aussitôt qu'elle
sera de retour de Chantilly. Sortis du palais
Bourbon, nous avons été voir les Invalides
et l'École militaire, monumens qui ne sont
point éloignés l'un de l'autre, et il semble par
ce rapprochement que l'on ait voulu familia-
riser d'avance les élèves avec la retraite qui
les attend quand ils auront versé leur sang et
épuisé leurs forces pour le service de la pa-
trie. Les belles dimensions des Invalides, l'a-
bondance qui paraît régner dans cette maison, tout rappelle la grandeur du souverain
qui fit construire cet édifice ; dans toutes les
œuvres de Louis XIV, on reconnoît son faste ;
tout en porte l'empreinte ; ce monarque ne
se laissa jamais gouverner que par l'osten-

tation, comptant l'argent pour rien dès qu'il
s'agissoit d'embellir Paris, ou Versailles, et
les monumens utiles coûtoient dix fois plus
qu'il n'étoit nécessaire ; de sorte que les sol-
dats recueillis aux Invalides jouissent de la
vue des marbres les plus rares et des peintures les plus précieuses.

Nous avons visité les cuisines où l'on pré-
pare chaque jour la nourriture de quatre
mille hommes. Dans la salle du Conseil se
trouvent les portraits de tous les Ministres
de la guerre depuis Louis XIV jusqu'à nos
jours.

Après les Invalides, nous avons visité l'É-
cole militaire, son église, la salle d'armes,
les écuries, le manège ; la pompe, qui four-
nit l'eau pour toute l'école, puise dans quatre puits différens ; et l'on en tire de chacun
soixante muids par heure ; il y a cent cinquante élèves ; l'on travaille en ce moment
à une promenade qui sera dans le goût de
celle des Invalides. En quittant l'École, nous

avons été dîner au Gros-Caillou, renommé à
iuste titre pour ses exquises fritures ; puis
nous sommes entrés à Saint-Sulpice, église
de l'ordre ionique et dorique ; à droite et
à gauche de la façade sont deux tours dont
l'une n'est point encore achevée ; cet édifice
est malheureusement masqué par un grand
mur élevé en face et qui en fait perdre le
coup d'œil; l'on voit, dans le chœur, des peintures rares et des bronzes de toute beauté.
Au fond de la niche qui domine l'autel, l'on
aperçoit la Vierge, représentée comme en-
voyée du ciel dans une gloire éclatante ; de
son pied nu posé sur un globe qui figure la
terre, elle écrase le serpent, ce qui cause une
impression pénible : la vue de ce pied nu
sur l'animal rampant donne le frisson ;
saint Joseph est assis sur un nuage et saint
Jean-Baptiste sur un autre ; le tout est exécuté en marbre. L'on voit aussy dans cette
église le tombeau de M. Longuet, curé de la
paroisse. Michel-Ange et Slodts le jeune ont

mis l'un et l'autre la main à ce monument
dont la base est de marbre vert : l'Immor-
talité, de marbre blanc, repousse la Mort ;
M. Longuet est aussi représenté en marbre
blanc et de grandeur naturelle : plus bas
sont, d'un côté, la Religion et, de l'autre, la
Charité.

Nous avons été ensuite au Luxembourg
palais qui appartient actuellement à Monsieur, frère du Roy ; ce sera un séjour digne
du premier prince du sang quand les embellissemens qu'on se propose d'y faire se-
ront achevés ; le jardin est grand et orné
de belles allées couvertes de grands arbres.
De là, Jacquinot et Thiry sont allés dans une
loge de maçonnerie, et moy, aux François,
où j'ai vu jouer la première représentation
de *l'École des Pères*, comédie qui a été ex-
traordinairement goûtée du public ; les ca-
ractères en sont bien tracés et les scènes
parfaitement touchées. La figure du père est
superbe ; aussy ramène-t-il sans peine un

10

fils auquel il avoit inspiré des sentimens de
vertu. Le rôle du fils est celuy d'un jeune
homme luttant continuellement contre le
vice, ce qui produit des tableaux utiles à la
morale ; les moyens que le père emploie
pour rappeler son fils au devoir impression-
nent d'autant plus qu'ils sont inattendus ;
d'autres personnages de la pièce sont inté-
ressans, à l'exception de la sœur du jeune
homme et de son mari, qui ne produisent
aucun effet. Vanove, quoique médiocre acteur, a, au grand étonnement du public,
très bien rempli le rôle du père ; Fleury s'est
fort bien acquitté de celuy du fils. Cette pièce
a été suivie des *Plaideurs*, qui, depuis longtemps, n'avoient pas paru au théâtre. Dugazon y a joué le rôle de l'Intimé.

Le 2 juin, nous avons été voir les jardins
de M. de Biron, dont le seul mérite est l'é-
tendue ; car il n'y a rien de merveilleux dans
la manière dont ils sont dressés, et le terrain seroit susceptible d'être embelli. De

là, nous sommes allés aux Chartreux : leur
maison n'est point belle, mais ils ont les plus
grands jardins de Paris ; il est surprenant
que, dans une pareille ville, une commu-
nauté religieuse possède une enceinte aussy
considérable qui occasionne de grands dé-
tours aux différens quartiers qui l'environ-
nent ; les espaliers des Chartreux ont une
grande renommée, et ils en tirent parti en
vendant leurs fruits, les plus beaux de la
capitale, jugés dignes de la table du Roy.
Nous sommes entrés dans l'église, ornée de
tableaux de prix ; chaque cellule est composée de quatre pièces et d'un petit jardin ;
les Chartreux sont moins à plaindre qu'on
en pourroit le croire.

La rue d'Enfer, qui règne le long du mur
de ce couvent, doit son nom à l'aventure
suivante : Autrefois, avant que ce terrain
fût dans Paris, il y avoit un château très
antique dont les Chartreux ambitionnoient
les dépendances : ils eurent le talent d'y

faire venir des diables qui firent déserter le
château et remplirent de terreur toute la
contrée ; les diables passoient d'ailleurs
leur temps assez agréablement; après s'être
montrés aux habitans du château, ils firent
des visites dans les caves, choisissant avec
discernement ce qui pouvoit le mieux les
réconforter ; puis quelques jeunes filles, en-
levées par eux, ne parloient qu'en se signant,
ou ne parloient pas du tout des choses dia-
boliques qu'elles avoient vues. Bref, quand
la frayeur fut universelle, les religieux se
chargèrent de dénicher les diables, ce qui
leur fut aisé; on leur abandonna la pro-
priété, et, quoique les diables ne reparurent
jamais, le nom d'Enfer est resté à la rue.

L'Observatoire se trouve à l'extrémité de
cette rue ; c'est un bâtiment isolé dont les
quatre faces répondent aux quatre coins du
monde. Nous sommes d'abord descendus
dans les souterrains par un escalier de
cent soixante et onze marches en forme

de coquille ; hors de terre, dans l'intérieur du bâtiment, se trouve le même
nombre de marches. Les immenses souterrains s'étendent au loin de côté et d'autres ;
nous avons parcouru différentes voûtes, et
sommes parvenus sous le bassin de Port-
Royal où nous avons vu une cristallisation
fort curieuse qui s'opère par l'eau fil-
trante à travers le roc. Ces souterrains
étoient jadis des carrières : ils sont aujour-
d'hui fermés avec le plus grand soin par des
portes de fer. Au bas de l'escalier, on peut
voir les étoiles en plein midy, mais nous ne
pûmes jouir de ce spectacle parce qu'on tra-
vailloit sur la terrasse ; on raccommode en
ce moment toute la partie extérieure de
l'Observatoire. Nous sommes entrés dans
les cabinets qui contiennent les machines
astronomiques, très nombreuses et de très
grand prix. Chose à remarquer, il n'est
entré ni fer ni bois dans la bâtisse de l'Observatoire.

Nous avons été dîner sur le boulevard du
Montparnasse ; c'est un des plus beaux de
Paris, en raison de la hauteur des arbres
aussy vigoureux que si leur crûe s'étoit ac-
complie dans une forêt. Nous sommes
ensuite allés au Val-de-Grâce, monument dû
à la piété de la mère de Louis XIV. L'architecture du portail est digne du temple
auquel il sert d'entrée ; la décoration du
grand autel est peut-être la plus superbe de
Paris ; il y a six colonnes torses encore plus
estimées par le travail que pour le marbre
néanmoins très précieux ; le devant de
l'autel est en bronze doré représentant une
Descente de croix ; ce morceau est du plus
grand prix ; le dôme est orné de la plus
belle fresque qui existe en France ; c'est
l'idée la plus nette du ciel que le pinceau
puisse figurer à l'homme.

Nous sommes entrés ensuite dans la
vieille église des Jacobins, qui renferme
vingt-deux tombeaux de princes, assez dé-

labrés. Nous avons été après à la Sorbonne,
où tout rappelle le grand crédit dont a joui
son puissant fondateur ; c'est un édifice
magnifique, mais plus remarquable encore
par ses célèbres écoles que par la beauté
de son église qui est cependant très admi-
rée. Ainsy que le Val-de-Grâce, elle est pavée en marbre ; le dôme, d'une structure
hardie, est décoré avec simplicité, mais ce
qui attire surtout l'attention, c'est le tombeau du cardinal de Richelieu, chef-d'œuvre du célèbre Girardon : on y voit le prélat
mourant, comme il n'avait pas vécu, entre
les bras de la Religion qui le soutient ; à ses
pieds, la Science abattue, et, sur le côté,
deux Génies servant de supports à son
écusson. Le cardinal est enveloppé d'un
manteau ducal dont la draperie est réputée la mieux exécutée qui existe. L'artiste
a donné à chacune de ses figures l'expression qui luy est propre, de sorte qu'on croiroit vivans tous ces personnages de mar-

bre. L'architecture extérieure de l'église est
fort belle, et le portail qui donne sur la
cour, copié sur celuy du Panthéon de Rome.

Nous nous sommes rendus de là aux Ita_
liens, où nous avons encore vu jouer *l'Amour
auteur et valet,* suivi de *Richard Cœur-de-
Lion*. Clairval déploie tout son talent dans
le rôle de Blondel ; il ne remplit plus que
ce rôle, et deux autres dans lesquels il excelle également. Adeline jouoit le rôle de
Laurette, et Colombe celuy de Margue-
rite.

Le dimanche 3 juin, nous sommes partis
de Paris à huit heures du matin sur la
galiote de Saint-Cloud, et, après une heu-
reuse navigation de deux heures, nous
avons débarqué au pont de Sèvres. Cette
galiote, que l'on appelle aussi coche d'eau,
n'est autre chose qu'un grand bateau couvert, qui contient dans l'intérieur et sur le
pont environ quatre cents personnes ; on y
trouve des gens de toute sorte, car il n'en

coûte que sept sols pour faire deux lieues ;
on a souvent occasion de s'y divertir ;
nous y vimes ce jour un passager tomber dans la rivière ; c'étoit un Parisien
fort bien habillé qui, voulant faire l'a-
gréable pour attirer l'attention des femmes, s'avisa de sauter du pont dans un
batelet amarré à la galiote ; ce batelet très
léger perdit l'équilibre, et notre homme fut
à la Seine ; on le repêcha promptement,
mais il fesoit ensuite sotte figure dans ses
vêtemens ruisselans d'eau.

N'ayant rien à faire Saint-Cloud jusqu'à
cinq heures du soir, où l'on foit jouer les
eaux, nous avons gagné Versailles à pied,
et nous y sommes arrivés à midy ; nous
avons visité d'abord le grand Trianon, maison de plaisance du Roy ; l'extérieur, de la
plus grande magnificence, est entièrement
en marbre ; c'est un bâtiment écrasé en forme
de fer à cheval ; dans le milieu se trouve une
colonnade, en marbre rouge du côté de Ver-

11

sailles, ei ꞟn marbre vert du côté du parterre ; il n'y a qu'un rez-de-chaussée ; les
appartemens ne sont pas aussy somptueux
que l'extérieur pourroit le faire supposer,
mais meublés de marbre tant que faire se
peut ; les tables, bancs, urnes, sont des échan-
tillons de tous les marbres les plus précieux ;
l'on voit des vases et cuvettes d'agates de
toutes les couleurs, d'une valeur inestima-
ble. Quoique Trianon soit à une portée de
fusil de Versailles, le Roy n'y vient jamais,
et cependant ce palais est toujours prêt à le
recevoir. Le jardin est orné de belles statues.

Nous sommes ensuite allés au petit Trianon, jouet de la Reine ; le jardin à l'angloise
renferme tout ce que l'on peut désirer : une
ferme, des hameaux, des vieilles tours, une
plaine, une montagne, une forêt et une rivière. La Reine vient fréquemment s'y dé-
barrasser du poids de la grandeur ; elle aime
à y être seule des heures entières, ou à s'y

livrer à des jeux qui ne sont point de son
rang. Dans la maison, qu'on **ne** sauroit appeler palais, les murs sont tapissés d'ouvrages
en paille relevés par des broderies en laine ;
les planchers sont également couverts de
paille imitant la marqueterie ; toutes les
fleurs sont des champs, ou sauvages. Le cé-
rémonial étant banni du petit Trianon, on
n'y aperçoit point les distinctions du tabou-
ret.

Tout l'ensemble de cette retraite ne peut
que faire réfléchir sur le destin des grands,
qui, lassés de ce qui fait l'envie des petits,
en sont réduits à chercher leurs jouissances
dans la simple nature, et qui peut-être n'y
trouvent pas encore le bonheur.

Le pavillon est bien distribué ; on fait en
ce moment des changemens dans la chambre à coucher et dans le boudoir de la Reine,
quoique l'un et l'autre soient nouvellement
décorés ; mais il paroît que la Reine ne soit
pas trop ce qui peut lui plaire. Le parterre,

qui est devant le pavillon, est très bien des-
siné ; il y a un carrousel superbe et une
salle de bains de la plus grande beauté.

Au moment où nous allions sortir, on
nous annonça l'arrivée de Marie-Antoinette,
et, comme nous n'avions plus le temps de
gagner la porte du jardin, notre conducteur
nous fit entrer dans la laiterie. La Reine, d'a-
bord accompagnée d'une dame de sa cour,
la congédia et s'avança seule dans la direc-
tion de la laiterie ; elle portoit une simple
robe de linon, un fichu et une coëffe de den-
telle ; sous ses habits modestes, elle paroissoit peut-être encore plus majestueuse que
dans le grand costume où nous l'avions vue
à Versailles ; sa manière de marcher est
toute particulière ; on ne distingue point les
pas ; elle glisse avec une incomparable grâce
et relève bien plus fièrement la tête quand,
ainsy que nous la voyions là, elle se croit
seule.

Notre Reine passa tout près du lieu où

nous étions, et nous eûmes tous trois comme
un désir de fléchir le genou au moment où
elle passoit, nous sentant partagés entre
l'espérance d'être aperçus, et la crainte d'ê-
tre surpris. Dès que Sa Majesté se fut éloignée, notre conducteur nous fit promptement sortir. Comme il étoit déjà quatre heures, nous prîmes une voiture de cour qui
nous conduisit rapidement à Saint-Cloud.
Ces voitures se tiennent à la disposition des
solliciteurs et des étrangers qui se rendent
aux résidences royales ou en veulent sortir.

Nous arrivâmes à Saint-Cloud au moment
où les eaux commençoient à jouer ; c'est le
plus beau spectacle dont on puisse jouir.
Indépendamment des cinq nappes ressem-
blant à des torrents impétueux, qui descen-
dent de la cascade avec grand bruit, il y a
deux cents gerbes d'eau dont l'effet est merveilleux ; puis, de chaque côté, cinquante
jets sans bassins ; l'eau retombe sur l'herbe

et se perd. Une trombe de quatre-vingts pieds
de hauteur imite admirablement un tourbil-
lon de fumée. Quantité d'autres gerbes sont
distribuées dans les différentes parties du jardin, où il règne une fraîcheur délicieuse. Les
arbres sont d'une élévation prodigieuse, et,
du sommet des terrasses en amphithéâtre,
on domine cette belle végétation et ces magnifiques eaux ; on ne se croiroit vraiment
pas sur terre.

L'orangerie est la plus considérable que
nous ayons encore vue ; les arbres d'une
grosseur étonnante sont aussy vigoureux
que s'ils étoient dans leur pays, et tout cela
est entretenu aussy soigneusement que les
appartemens d'un palais. Partis de Saint-
Cloud à six heures du soir, nous sommes
rentrés à pied à Paris très satisfaits, mais un
peu fatigués.

Le lendemain, nous sommes retournés à
Notre-Dame ; on ne peut se lasser d'admirer
dans la chapelle de Vintimille, Saint-Char-

les Borrhomée communiant les pestiférés de Milan. C'est le chef d'œuvre de Charles Vanloo ; le nombre infini de choses rares et précieuses rassemblées dans cette cathédrale provoque à chaque pas l'étonnement. Nous sommes montés au sommet des tours, d'où nous avons vu tout Paris è nos pieds, et, de plus, une étendue considérable de pays ; la ville, vue de si haut, perd une partie de son prestige comme dimension, mais le coup d'œil est superbe.

Nous avons ensuite visité l'hôpital des Enfans trouvés, qui n'est à vrai dire qu'un dépôt de l'institution, le plus grand nombre des enfans étant au faubourg Saint-Antoine, et, dans les villages voisins de Paris, chez des gens qui les élèvent ; il y en a seize mille au compte de la maison. Une extrême propreté règne dans les salles et ces petits êtres ne peuvent que bénir la Providence d'avoir trouvé meilleur gîte que chez leurs parens.

De l'hôpital des Enfans trouvés, nous sommes allés à l'Hôtel-Dieu ; un grand nombre
de salles sont remplies d'hommes, de femmes et d'enfans malades, entretenus avec
soin, contrairement à ce que l'on nous avait
dit ; nous nous attendions à en sortir révol-
tés, et la seule chose blâmable est de voir
quatre malades dans le même lit ; les femmes folles qu'on peut espérer guérir sont
traitées à part, et, quand leur folie est
déclarée incurable, on les envoie à la Sal-
pêtrière.

En passant près du Châtelet nous y sommes entrés, et nous avons vu la salle du
parc civil: c'est aussy là que se trouve la Mor-
gue, petit cabinet qui donne sur la cour et
qui est fermé par une grille : on étend sur
une table, derrière cette grille, les cadavres
trouvés dans la Seine, ou assassinés dans
Paris; on les y laisse pendant trois jours ex-
posés au yeux du public, afin qu'on puisse les
reconnoître; on met à côté d'eux leurs effets

et, aussitôt qu'ils sont reconnus, on les retire. Au moment où nous y sommes entrés,
on venoit d'en exposer un, mort chez une fille
de joie.

Il y avoit, ce jour-là, dans la cour du Châtelet, une grande affluence de peuple, la
montre des huissiers alloit se faire ; ils sont
dans l'usage, le lendemain de la Trinité,
d'aller rendre, en corps et à cheval, leurs
devoirs aux magistrats desquels ils dépen-
dent ; le surlendemain ils comparoissent devant le juge, et le public est admis à porter
plainte contre eux ; si, pendant le cours de
l'année, ils ont commis quelque malversa-
tion, on les destitue, quand la faute est
grave, et on les réprimande seulement quand
elle est moins forte.

De là, nous nous sommes rendus aux Carmélites situées à l'extrémité du faubourg
Saint-Jacques. La petite église de ce couvent
est fort bien décorée ; les tableaux sont des
plus grands maîtres ; on voit, dans une cha-

12

pelle consacrée à Sainte-Magdeleine, un portrait de cette célèbre pécheresse qui n'est
autre que celuy de mademoiselle de la Val-
lière; c'est dans cette maison qu'elle s'étoit
retirée; ce tableau est regardé comme le
chef-d'œuvre de Lebrun ; le repentir de la
favorité est figuré avec une expression de
douleur qu'elle ne pouvoit éprouver à ce
point que par le regret d'avoir perdu l'a-
mour du prince qu'elle adoroit. Il y a aussy
ordinairement dans cette église un tableau
du Guide qui n'y étoit point dans ce moment
parce qu'il en avoit été enlevé pour faire une
gravure.

En sortant des Carmélites, nous avons dîné
chez un Suisse des Thuileries qui nous a fait
payer bien chèrement notre écot ; nous
sommes allés ensuite aux Petites-Maisons, où
l'on voit des fous des deux sexes, et des salles pour des malades admirablement entre-
tenues. Thiry est allé ensuite aux François
voir jouer *l'École des Pères*, et *la Jeune In-*

dienne ; Jacquinot et moy, nous avons été
aux Variétés, où l'on a joué le *François en
Arménie*, fort méchante petite pièce indigne
de ce théâtre, *les Mariages nocturnes*, et *les
Saturnales modernes*, spectacle qui nous a
beaucoup divertis. Nous y fîmes connoissance
de deux demoiselles qui nous prirent fort
habilement, dans nos poches, d'abord nos
mouchoirs, puis à Jacquinot un couteau en
nacre de perle, et, à moi, une fort jolie bon-
bonnière. Heureusement pour nous, cette
connoissance étoit à peine ébauchée ; nous
ne portâmes pas plainte contre ces filles
pour éviter de faire rire à nos dépens, pen-
sant que ces sortes de choses n'arrivent
qu'aux gens de province. Elles étoient, ma
foi, fort richement nippées et avoient dû
être admises dans l'intimité de quelques seigneurs. ayant échangé, durant la représentation, des signes fort obligeans avec des
gens de qualité. Ceci fut une leçon pour
nous tenir désormais sur la réserve ; c'est à

la sortie du théâtre que nos aimables com-
pagnes, sur notre refus de les emmener à
notre hôtel, retournèrent ainsy nos poches,
sans que nous ayons pu nous en douter ;
après quoi, elles disparurent en nous en-
voyant des baisers.

Le 5 juin, nous sortîmes, Jacquinot et
moy, à huit heures du matin, pour aller faire
une visite à notre ami Henry, logé à l'hôtel
de Calais, et nous allâmes ensemble à la
Bibliothèque du Roy, rue Richelieu, hôtel
de ce nom ; elle dépasse tout ce qu'on
nous en avoit dit : il y a d'abord deux
grandes salles à la suite desquelles on entre dans un fer à cheval d'une longueur
surprenante ; toutes ces pièces sont remplies de livres imprimés ; les in-folios
en bas, et les in-douze sur des galeries
règnant autour des salles ; le milieu de
ces salles est garni de tables sur lesquelles on voit les outils et les ateliers
en réduction de toutes sortes de pro-

fessions ; de distance à autre, se trouve
une table libre destinée aux personnes qui
font des recherches ; on voit aussy un Par-
nasse françois en bronze avec tous les au-
teurs qui y méritent place (ce morceau est
fort estimé) ainsy que deux globes, l'un cé-
leste et l'autre terrestre, tous deux d'une
grosseur prodigieuse. L'on nous a fait voir
ensuite les salles des manuscrits, où se
trouve la collection la plus nombreuse qui
existe en toutes langues ; l'on n'y laisse
entrer qu'avec toutes sortes de précautions,
et seulement les gens ayant un aspect d'honnêteté. Nous vîmes aussy le cabinet d'estam-
pes et de gravures qui contient la repro-
duction des plus beaux tableaux qui existent ; les artistes peuvent en venir prendre
copie.

De la Bibliothèque, nous sommes allés
au Garde-Meuble, où nous avons eu mille
peines à entrer ; nous y avons admiré tous
les effets, bijoux, vases, pierres précieuses,

habillemens, armes, armures et tapisseries
les plus superbes ; tout cela est si éblouis-
sant, qu'on se croirait dans un palais revêtu d'or; impossible de se figurer les splen-
deurs des richesses rassemblées en ce lieu.

Du Garde-Meuble, nous avons gagné le
Louvre, où nous sommes entrés dans le salon de peinture et dans les salles voisines ;
les chefs-d'œuvre les plus achevés sont
réunis là, et nous vîmes les différens tableaux qui concourent pour les prix ; il
eût fallu être plus connaisseurs que nous
ne le sommes pour sçavoir à qui adjuger
la palme. Ce qui nous surprit fort, c'est que,
sans aucune personne qui répondit de nous,
on nous laissa seuls dans toutes ces salles,
dans un moment où il n'y avoit absolument que nous, au milieu de richesses
dont quelques-unes seroient très faciles à
dérober : celuy qui nous avoit introduits
nous quitta sans autre garantie que notre
bonne mine.

Le soir, nous allâmes, Jacquinot et moy,
au spectacle des boulevards, et Thiry à
l'École vétérinaire, distante de Paris de
deux lieues; elle est située à Charenton.
D'après le rapport qu'il nous en a foit, le
bâtiment est beau et vaste; le cabinet d'histoire naturelle renferme une multitude
d'animaux disséqués; on voit faire des opé-
rations aux chevaux avec une grande dexté-
rité; il y a une très belle salle de chimie,
et un apothicaire ne s'occupant que des
médicamens employés pour les chevaux; la
forge est considérable, et des ouvriers ha-
biles donnent des leçons aux autres forge-
rons; le directeur de l'École est supérieu-
rement logé au fond de la cour; l'on voit
chez luy une collection fort curieuse de
petits animaux renfermés dans des boîtes
naturelles; ce sont des tortues au nombre
de vingt-quatre; elles ne mangent que durant la belle saison.

Le 6 juin, n'ayant pu parvenir à arracher

Thiry du lit, où, depuis quelques jours, il semble prendre racine, nous sommes partis, Jacquinot et moy, pour Marly, à quatre heures du matin, accompagnés de l'abbé Guerre de Nanci ; nous sommes arrivés à sept heures et demie, et nous avons été sur-le-champ voir la machine qui a dû coûter un prix extraordinaire ; c'est un *marnage* [1] de charpente revêtue de fer qui soutient les rouages et une manivelle au moyen desquels l'eau, étant foulée d'un côté, remonte de l'autre ; puis elle est pompée par un mécanisme analogue à celuy d'une pompe et qui agit à un quart de lieue de là ; des conducteurs amènent l'eau sur deux lignes dans un premier réservoir où elles se réunissent dans un seul bassin ; là, le mécanisme change : de la rivière, l'eau s'élève en foulant, et, à partir de ce bassin,

1. *Marnage,* mot qu'on trouve dans le vocabulaire lorrain de Mitchel, et qui veut dire quelque chose de très encombrant.

elle s'élève en aspirant, et cela avec une
force inimaginable ; dirigée par ces nouveaux conducteurs, elle monte jusqu'au
sommet de la montagne, c'est-à-dire à cinq
cents pieds au-dessus du niveau de la rivière ; elle y est reçue dans un immense
réservoir, d'où elle redescend à Versailles
dans le palais et les jardins du Roy.

Après avoir examiné la machine, nous
sommes entrés à l'ancienne maison de campagne de madame Dubarry; ce pavillon est le
plus beau qui soit à Paris ou dans les environs ; on ne peut rien imaginer de plus
riche, de plus galant et de plus fini ; toutes
les peintures et statues représentent des
choses gaillardes ; on diroit le temple de la
luxure, mais le goût le plus parfait y règne,
c'est-à-dire qu'un nombre énorme de choses
précieuses sont rassemblées sans entasse-
ment ; les meubles superbes, assortis à
chaque pièce, semblent destinés par leur
arrangement à faire ressortir la beauté de

celle qui les a choisis; partout dans les
encoignures se trouvent des statues excitant
à des pensées qui étoient de mise en ce
séjour. Louis XV foit, dans toutes les pièces,
face à sa maîtresse, tantôt en médaillon,
tantôt en buste ou portrait; il y a, sur tous
les panneaux, des emblèmes ou allégories,
et même des inscriptions. Ce Roy ne fesoit
pas mystérieusement les choses. Dans un
des salons, toutes les époques brillantes de
la vie de la favorite se trouvent représentées; on la voit apparoissant pour la première fois aux regards du souverain; puis
dans les bras de Louis le Bien-Aimé; et enfin
présentée à la cour en grand habit; on la
voit aussy en superbe carrosse et dans un
festin au côté du Roy.

Nous avons aperçu madame Dubarry dans
le pavillon, et ensuite dans les jardins, qui
ne sont pas vastes; l'entrée de Luciennes est
difficilement permise, et nous eûmes une
faveur que nous n'espérions pas; l'ancienne

favorite n'aime point à être vue, se sçachant
un objet de curiosité et de mépris ; elle vit
seule, sans amis, et même sans commensaux,
au milieu de ses richesses et de ses souvenirs.

Nous avons, en sortant de Luciennes, gagné
Saint-Cloud, qui en est éloigné de trois
lieues ; nous suivîmes à pied des chemins très
mauvais ; le château de Saint-Cloud appartient maintenant à la Reine, qui l'a acheté
depuis peu du duc d'Orléans ; elle foit démo-
lir l'intérieur, et elle foit construire de nouveaux bâtimens ; il faut que tout soit fini
pour le mois d'août ; on y travaille sans re-
lâche nuit et jour. Il n'est point étonnant
que la Reine se soit attachée à ce séjour
susceptible de tous les embellissemens et admirablement situé. Nous avons dîné dans
une hôtellerie vis-à-vis la grille du parc, et,
aprè sdîner, nous nous sommes présentés à
la manufacture de porcelaine, dont on nous
a foit voir les magasins immenses remplis
des ouvrages les plus précieux.

De là, nous sommes allés à Bellevue, maison de plaisance de Mesdames ; ce lieu porte ce nom à juste titre ; la vue est étendue, gaie et variée ; les jardins, dans le goût françois et dans le goût anglois, sont très vastes ; il s'y trouve des ruisseaux, des lacs, des rochers, des hameaux, des fermes, en un mot tout ce qui rapproche de la nature ; les jardins françois sont réguliers, bien tenus avec labyrinthe et jets d'eau. Le palais paroît beau ; nous n'avons vu que l'extérieur, nous n'eûmes pas envie d'entrer dans les appartemens, en ayant déjà tant visité qui, d'après ce qu'on nous en avoit dit, devoient les surpasser.

Nous prîmes la galiote pour débarquer aux barrières de Paris ; la galiote n'alla pas plus loin, en raison du feu qui avoit consumé la partie des Thuileries qui donne sur la rivière et proprement appelée le pavillon de Flore ; le feu s'étoit déclaré entre onze heures et midy, et auroit eu plus de suites

si l'on n'avoit pas été aussy à portée des
secours ; on avoit assis les pompes dans des
bateaux sur la rivière, et, grâce à l'activité
de ceux qui dirigeoient cela, il n'y eut que
la toiture et le faîte de l'édifice de consu-
més ; on avoit pris tout de suite la précaution de saper la grande galerie, afin qu'elle
ne pût être atteinte par l'incendie, il y eut
plusieurs personnes tuées, et d'autres bles-
sées. Ne m'étant point soucié d'aller du côté
du feu, où l'on fit travailler Jacquinot, je
fus voir la pompe à feu de Chaillot qui foit
un grand honneur au génie anglois.

Le 7 juin, jour de la Fête-Dieu, nous ne
fîmes autre chose que courir Paris pour
voir les processions. L'affluence de monde
est telle, qu'une fois engagé dans une rue,
il est impossible de revenir sur ses pas. Nous
vîmes défiler sous nos fenêtres la procession de Saint-Eustache, la plus riche de la
capitale. La livrée des principaux seigneurs
de la paroisse est en tête de la procession

avec de grands flambeaux ; suivent immédiatement cent chapiers couverts des ornemens les plus riches, ainsy que soixante
à quatre-vingts prêtres ; l'on ne voit qu'or
et argent briller de tous les côtés.

Nous sommes restés une partie de la journée à l'hôtel, à cause de Thiry, retenu dans
son lit par un accès de fièvre ; mais sa véritable maladie n'est autre que le regret
d'être éloigné de ses parents, auxquels il est
tellement attaché, que, pour le leur témoi-
gner, il a pris la résolution de retourner sur-
le-champ à Nanci, ce qui nous a beaucoup
surpris, quoiqu'il eût déjà conçu ce projet
depuis huit jours ; la détermination prise,
le mal s'est dissipé, et nous n'avons eu
d'autre peine, en le voyant partir, que de
perdre un compagnon dont nous n'avions
eu qu'à nous louer.

Sur le soir, nous sommes allés sur les
boulevards beaucoup plus brillans encore
qu'à l'ordinaire, tous les théâtres étant fer-

més ce jour-là. Rentrés à notre hôtel, nous
y avons collationné avec messieurs Bracard
et Bizot.

Le 8, Thiry s'est emballé dans la diligence
pour retourner à Nanci, et, nous, dans une
voiture pour aller à Chantilly, maison de
campagne du prince de Condé, éloignée de
Paris de dix lieues; nous avons diné à Mes-
nil-Aubry, et nous sommes arrivés à Chantilly à trois heures après midi; la situation est très belle; ce séjour, au milieu des
bois et prairies, est vraiment enchanteur;
les jardins sont traversés par une petite rivière qui vient de Senlis, et qu'on appelle
la Nonette; les eaux en sont belles et lim-
pides; une machine fort simple, mais d'un
travail fort ingénieux, distribue les eaux
dans toutes les parties du jardin. Nous
avons d'abord visité la manufacture de
porcelaine, où nous avons suivi le travai[1]
depuis le moment où la pâte est apprêtée
jusqu'à celuy où l'objet est formé et fini;

mais la manière d'apprêter cette pâte est
un secret qu'on garde soigneusement dans
tous les établissemens.

On nous a ensuite montré la cascade,
beaucoup moins belle que celle de Saint-
Cloud et qui ne joue que fort rarement.
Nous avons vu aussy une source d'eau miné-
rale qui est enfermée avec soin; elle est
située près de l'écluse qui coupe la rivière :
en passant sur cette écluse, nous avons
gagné la ménagerie qui est fort bien bâtie
et très étendue ; un grand nombre de vo-
latiles d'espèces rares y sont rassemblés ;
les quadrupèdes sont en petit nombre, et il
n'y a de remarquable qu'un mouton à six
pattes; la ménagerie de Chantilly est beaucoup plus belle que celle de Versailles ;
dans chaque enceinte, il y a des fontaines
jaillissantes, surmontées chacune d'un animal admirablement sculpté, et, sur le socle,
la fable de la Fontaine qui le concerne. La
laiterie est revêtue intérieurement et pavée

de marbres blancs et rouges ; les vases qui
reçoivent le lait, la crème et le beurre, sont
en porcelaine de Chantilly.

Au sortir de la laiterie, nous avons traversé la Nonette, sur un petit batelet des
plus galans, et nous avons abordé au château, dont l'extérieur est fort imposant :
c'est un bâtiment considérable, flanqué de
six tours, et entouré d'eau de tous les côtés.
Les fossés regorgent de poissons que l'on
voit à travers l'eau transparente ; on entre
au château par des ponts-levis ; les appartemens sont vastes, mais d'une simplicité
remarquable ; on se croiroit chez des gens
de petite noblesse tout bonnement ; le mo-
bilier est tout entier du siècle passé, sans
que rien ait été restauré.

Le Roy et la Reine ont leurs appartemens
à Chantilly ; mais ni l'un ni l'autre n'y sont
venus depuis leur avènement au trône ;
sans doute la comparaison que le Roy
pourroit faire ne seroit point à l'avantage

14

de Versailles, très beau, mais aussy triste
que Chantilly est riant. On nous fît voir
l'appartement de mademoiselle de Condé
et celuy du Prince, tout à fait dénués de
recherches. Nous vîmes aussy le salon, dans
lequel sont représentées les victoires du
grand Condé ; un tableau le montre foulant
aux pieds celles qu'il a remportées contre
le Roy, arrachant d'une main le feuillet où
elles sont inscrites dans le livre de l'Im-
mortalité, et, de l'autre, arrêtant la Renommée, qui veut les publier.

Le cabinet de travail du Prince est voisin de celui d'histoire naturelle, que, ce
jour-là, nous n'avons fait que traverser, re-
marquant seulement des fœtus vraiment
merveilleux ; on foit en ce moment des ar-
rangemens dans toutes les collections, le
Prince venant d'acheter le cabinet de M. de
Beauma : on le réunit à celui de Chan_
tilly. Dans le château, comme dans le jardin, nous avons partout vu des sujets tirés

des fables de la Fontaine, avec ses vers au-
dessous ; il paroît être l'auteur favori de
Chantilly.

Nous sommes entrés dans l'île d'Amour,
qui mérite bien ce nom ; impossible de rien
voir de plus coquet ; le terrain, disposé
avec un goût supérieur, est couvert d'allées
et de berceaux de seringats, rosiers et
chèvrefeuilles ; le sol est entièrement tapis
sé de muguets ; on y respire un air embau
mé, et tout cela est parsemé de statues,
fontaines, génies ; les treillages, formant
les cabinets de verdure, sont d'un travail
admirable ; l'allée principale conduit au
salon de Vénus, également en treillages et
fleurs, entouré par la rivière, et de l'aspect
le plus galant ; il est, dans l'intérieur, décoré d'urnes et de statues ; les eaux jaillissent de tous côtés pour retomber dans un
canal de marbre précieux qui règne tout
autour de ce merveilleux endroit ; de chaque
côté, on forme instantanément deux autres

salles communiquant au salon du milieu;
tout est disposé pour les monter en quelques minutes, de sorte que, lorsqu'un prince
étranger vient à Chantilly, on le conduit
au salon de Vénus, puis on le promène un
instant dans l'île d'Amour, et on le ramène
ensuite pour le surprendre; là où il n'avoit
vu qu'un salon, il s'en trouve trois. Il y a
aussy, dans cette île, des jeux de toute espèce, et, autour de chaque jeu, des galeries
de verdure pour les spectateurs; une illu-
mination se fait, paroît-il, en un clin d'œil.

En sortant de ce lieu charmant, nous
sommes allés à la galerie des cerfs, grande
terrasse garnie de bois de Cerfs, tués dans
les chasses du prince; les urnes, de marbre
blanc, ont pour anses des bois de cerfs;
partout, là aussy, des fontaines retombent
dans des cânaux de marbre; puis, au milieu de la terrasse, des parterres et bassins;
à l'extrémité, le salon d'Apollon, où ce dieu
se trouve environné de tous les grands

hommes que la France a donnés au théâtre ; au fond, une porte s'ouvre sur un escalier à deux rampes, qui conduit à la
salle de spectacle richement décorée ; et le
rideau du théâtre se lève sur une longue
perspective, au bout de laquelle on aperçoit une grotte en coquillages d'où jaillissent nombre de jets.

Nous visitâmes ensuite les écuries, les
plus belles de toute l'Europe ; l'extérieur
ressemble à un palais ; dans l'intérieur,
sous un dôme décoré de fresques, se trouvent des fontaines surmontées de bronzes
représentant des chevaux. Ce dôme très
élevé est superbe, et, quand le comte du
Nord vint à Chantilly, il voulut y dîner ;
tout autour, au sommet, règne une galerie
en fer où se tiennent la musique et les
spectateurs ; de chaque côté, à perte de
vue, une écurie longue, spacieuse, éclairée
et contenant les plus superbes chevaux.

Nous sommes allés au jeu de Paume, et

à l'orangerie, puis au hameau, espace de
terre assez considérable, entouré d'eau : les
bords de cette île sont entièrement tapissés
de ciguë ; le hameau est composé de six
chaumières, dont l'intérieur, fort galant,
contient cuisine, salle à manger, billard,
salon, chambre à coucher et cabinet de
travail ; il y a aussy un moulin ; les
Princesses s'amusent à faire la cuisine,
après s'être revêtues de déshabillés de
villageoises ; elles aiment aussy à faire
du beurre, ainsy que la Reine en foit à Trianon ; s'éclabousser le visage leur procure
un plaisir qui excite leur hilarité.

Nous nous sommes ensuite enfoncés dans
le bois, qui est divisé en quantité d'allées ;
a chaque pas, on trouve des bras de ruisseaux, sur lesquels sont jetés des ponts rus-
tiques ; un rocher énorme imite bien la nature ; on voit une caverne pareille à celles
des voleurs en Italie, du moins on l'affirme,
mais peu de gens sont en mesure de véri-

fier le fait; des plantes sauvages croissent
entre les rochers, et, de l'une d'elles, jaillit
une scource; ce qui est assez étrange, c'est
que presque toutes les allées présentent la
même perspective : une cascade aperçue
dans le lointain, encadrée dans un berceau
de verdure; enfin il y a sur un bassin une
flotte de douze ou quinze petits vaisseaux
à la voile.

Nous avons quitté le hameau à huit heures du soir pour aller dîner et coucher
dans une auberge où nous avons été bien
accueillis; et, le lendemain, dès cinq heures du matin, nous rentrions à Chantilly.
Nous sommes allés au labyrinthe, que nous
n'avions pas vu la veille; c'est un terrain
de douze arpents, entouré de hautes murailles, et coupé si savamment par une
quantité d'allées qui se croisent qu'on ne
sauroit en sortir sans conducteur; il y a,
au centre, un pavillon chinois, dans lequel
le Prince soupe fréquemment en été; il est

orné intérieurement à la chinoise ; en ᵟor-
tant du labyrinthe, on nous fit remarquer
des petits génies qui indiquent du doigt
le pavillon ; à leurs pieds, sur un écusson,
une énigme est gravée. Près de là est le
bosquet de Sylvie, renfermant aussy un pavillon, simple extérieurement, mais fort
beau à l'intérieur ; nous avons suivi une
allée qui conduit au rendez-vous de chasse,
le plus beau qui se puisse imaginer ; le milieu représente une étoile, et chacune des
pointes de cette étoile est une avenue qui
a une lieue de long ; il y en a douze ali
gnées ainsy dans toute leur étendue. Le
prince de Condé y donna, sous Louis XV,
le plaisir de la chasse au cerf au roy de
Danemark, et, à minuit, les allées où la
bête devoit être lancée furent subitement
éclairées de quarante mille lampions.

En sortant du bois, nous avons encore
remarqué une petite cascade qui y prend
sa source, et nous sommes ensuite tombés

sur la terrasse du château, opposée à celle
de la façade; l'on y voit la statue équestre
du connétable de Montmorency ; c'est par
luy que Chantilly est venu aux princes de la
maison de Condé; nous sommes rentrés
dans le château pour visiter en détail le
cabinet d'histoire naturelle ; puis nous
avons été nous reposer dans l'île d'Amour,
dont les ornemens et l'aspect enchanteur
portent aux idées analogues à son nom.

Nous avons ensuite visité la salle d'armes
qui est beaucoup mieux composée que celle
du Roy ; elle contient des armes de tous les
temps et de tous les pays, même des armes
sauvages. L'on nous y a foit voir celles de
la Pucelle, l'épée d'Henry IV, et les différentes armes à feu avec les changemens
qui y furent faits successivement. Sortis
de là, nous avons été visiter une nouvelle
maison de ferme que le Prince a foit construire depuis peu ; elle est belle et bien
bâtie ; nous avons ensuite quitté les jar-

15

dins où il ne nous restoit plus rien à voir, et
nous sommes retournés au château pour
parler à un des officiers auquel nous étions
adressés ; comme toutes les voitures destinées à amener et reconduire les étrangers
étoient occupées, cet officier nous proposa,
avec beaucoup d'honnêteté, de profiter
d'une des voitures de la suite du prince de
Condé, qui se rendoit incontinent à Paris ;
nous acceptâmes avec reconnoissance cette
obligeante proposition, et, en retournant à
notre hôtel, nous vîmes encore un grand
corps de bâtiment, loué par le Prince à des
particuliers ; il y a là une pièce d'eau et
différens jeux, tels que l'arquebuse et le
jeu du mail.

Après avoir dîné à notre auberge, nous
voyageâmes fort agréablement dans un
carrosse du Prince, avec deux dames, dont
l'une fort aimable, quoique n'étant plus de
la première jeunesse ; l'autre paroissoit mé
contente de notre compagnie, bien que

nous n'ayons rien foit que de chercher à lui
plaire ; mais elle étoit vieille, et une vieille
femme est fréquemment hère, sans motifs
plausibles. Nous n'eûmes à remarquer sur
la route que Champlâtreux, terre de M. le
président Molé ; le château est bien bâti, et
il n'y a que ce domaine qui sépare les possessions du prince de Paris. Nous avons re-
layé à Écouen, où le Prince a encore un
château, dans lequel il s'est reposé un
instant. Nous étions partis de Chantilly à
une heure après midy, et nous sommes arrivés à Paris à sept heures du soir.

Le dimanche, 10 juin, nous avons employé notre journée chacun séparément, à
notre guise, et, le soir, nous allâmes à l'O-
péra ; on y jouoit *Roland*, qui, par luy-
même, est une pièce de peu de mérite, et
nous parut moindre encore, étant jouée par
des doublures.

Le lundi 11 juin, nous écrivîmes à Nanci,
pour y annoncer le départ de **Thiry** qui ne

devoit pas arriver aussi promptement que
la poste, notre propre départ pour le Havre,
et enfin notre prochain retour en Lorraine :
nous avons été, dans la matinée, faire des
emplettes; nous avons dîné à l'hôtel d'*Enghien*, et, après dîner, foit notre malle
pour la faire passer à cinq heures à la
douane, ce qui demande beaucoup de tems
et ne peut s'accomplir sans de nombreuses
difficultés; de là, nous avons été assurer
nos places à la diligence, puis nous revînmes à notre hôtel boire, avec quelques amis,
d'excellent vin de Champagne, que nous
avions fait venir d'Épernay par l'entremise
de M. Plessis.

Le 12 juin, nous partîmes à cinq heures
du matin à pied ; nous nous arrêtâmes à
Marly et à Saint-Germain ; nous eussions
dû passer par Nanterre, mais on nous avoit
donné une fausse indication; nous arrivâmes à Poissy à midy, après avoir foit
sept lieues au lieu de cinq ; nous fîmes là

un mauvais déjeuner, servi par une hôtesse
qui nous offrit autre chose que sa cuisine:
son enseigne menteuse étoit : *Au poisson
vivant*, et elle nous fit manger une mate-
lote pêchée depuis plusieurs jours. Nous
nous embarquâmes sur la galiote, où nous
avons beaucoup souffert, brûlés par le soleil et ne pouvant nous asseoir. Nous re-
marquâmes en chemin le château de M. de
Rosny et ses jardins qui paroissent fort
beaux.

Nous avons gagné Mantes, où nous nous
sommes arrêtés un instant, et, le soir, nous
avons débarqué à Roboise à sept heures.
Dans ce second trajet, nous nous sommes
accostés d'un procureur normand, qui étoit
accompagné d'une jeune personne qu'il
disoit être sa femme ; nous eûmes vite foit
de lier connoissance avec lui, mais surtout
avec elle. Après avoir foit le trajet de Roboise à Bonnières, nous y avons soupé avec
ce procureur et sa prétendue épouse ; quoi-

que la princesse eût annoncé vouloir souper très légèrement et se reposer promptement, elle nous tint tête à table, fort jovia-
lement, pendant plus de trois heures, et
nous en sortîmes les meilleurs amis du
monde.

Le lendemain 13, nous partîmes de Bonnières à deux heures du matin, sur une
autre galiote ; le premier trajet, qui étoit
de huit heures, nous avoit coûté trois livres
pour nous deux, et le second, qui n'étoit
que de six lieues, nous coûta quarante-huit
sols ; nous débarquâmes à Roulle, à quatre
heures et demie du matin ; nous y prîmes
des mazettes, et nous partîmes, formant
un escadron de quinze personnes ; nous
avions toujours le bonheur d'accompagner
notre procureuse, avec laquelle nous étions
au mieux, ce qui ne plaisoit nullement au
galant. Nous fîmes sept lieues sur ces mazettes qui nous secouoient rudement ; c'est
la plus mauvaise espèce de chevaux qu'on

puisse voir ; nous sommes néanmoins arrivés, avant dix heures, à Port-Saint-Ouen.
La route parcourue offre aux regards les
paysages les plus variés : nous avons remarqué, en passant, les possessions de M. de
Conflans, seigneur important et opulent.
Le prix des mazettes, pour faire sept lieues,
fut de trois livres.

Nous repartîmes de Port-Saint-Ouen dans
un batelet, et bientôt nous aperçûmes Rouen;
on nous fit admirer les possessions du procureur général, situées sur les hauteurs.
Arrivés à Rouen, notre procureur nous conduisit à *la Pomme de pin*, une des meilleures auberges de la ville ; il faut dire qu'il
avoit laissé la dame à Port-Saint-Ouen, où,
prétendoit-il, des personnes de sa famille
devoient venir la chercher. Aussitôt qu'il
nous eut quittés, après nous avoir engagés
à venir le voir, à notre retour du Havre,
nous fûmes instruits de son histoire par un
passager qui le connoissoit, et qui connois-

soit aussi très-particulièrement, je crois, *la princesse.*

Dans le trajet que nous avions fait en dernier lieu sur la Seine, nous nous étions déjà aperçus de l'effet produit par le reflux de la mer qui se fait sentir jusqu'à mi-distance de Port-Saint-Ouen à Rouen. Après avoir dîné à la table d'hôte de *la Pomme de Pin,* nous allâmes jeter un coup d'œil sur le port, qui contenoit des vaisseaux de plus de cent cinquante tonneaux, puis visiter la cathédrale, qui est de la plus haute antiquité, et décorée de sculptures qui nous ont paru plus belles que tout ce que nous avions vu ailleurs ; le vaisseau est bien éclairé, ce qui est rare dans les églises anciennes. Nous avons vu Georges d'Amboise dans une des trois tours de ce magnifique monument ; la cloche est d'une grosseur prodigieuse : depuis le passage du Roy, on ne la sonne plus pour l'avoir sonnée avec trop de force dans ce moment-là,

ce qui l'a fendue ; les *marnages* nécessaires pour la soutenir sont vraiment
effrayans ; après avoir examiné la cloche,
nous sommes allés jusqu'au sommet de la
tour, d'où nous avons joui d'une admirable
vue, dominant ainsi l'antique cité de Rouen
et un cours assez étendu de la Seine. Pour
arriver au sommet de cette tour, il faut
monter quatre cent soixante marches, et
ce n'est point encore la plus haute ; il y en
a une autre, soutenant la flèche, qui est un
tiers plus élevée ; cette flèche, en bois, revêtue de plomb, a été construite par le fa-
meux cardinal d'Amboise, qui fit également
couvrir toute la toiture d'un même métal ;
nous sommes sortis de la cathédrale pour
nous rendre de nouveau sur le port, où
nous nous sommes embarqués à huit heures du soir. La galiote s'est arrêtée à la
Bouille à onze heures, et nous y avons couché ; le trajet de cinq lieues nous a coûté
dix sols.

Le lendemain, 14 juin, nous sommes
partis à six heures du matin sur des chevaux quittes, qui nous ont été fournis à notre auberge ; c'est le nom qu'on donne,
dans ce pays, à cette espèce de chevaux de
louage ; on nous a foit payer, pour huit
lieues, trois livres cinq sols par cheval ;
nous étions quatre ; nous nous sommes
trouvés assez bien montés, excepté moi
qui suis tombé sur un cheval vicieux qui
avoit le défaut de s'abattre ; dans un moment où il s'est abattu, j'y ai gagné un
détour à la main droite.

Nous sommes arrivés avant dix heures à
Pont-Audemer, et, après y avoir dîné, nous
sommes repartis pour Honfleur ; qui en est
éloigné de six lieues ; les chevaux qu'on
nous a donnés étoient très bons, et nous
étions à Honfleur à deux heures, après
avoir foit, en tout, quatorze lieues. Le
port de Honfleur est petit, et composé de
trois bassins tellement remplis de vase, que

bientôt il ne pourra plus servir ; il y a des
vaisseaux marchands venant de Danemark,
Suède, Norvège. A huit heures, nous sommes partis sur un passager par un temps
couvert qui, bientôt, est devenu très mauvais, et un orage assez fort nous a donné
une légère idée de ce que peut être une
tempête en mer. Nous avons mis trois
heures à faire une traversée qui se foit
ordinairement en moins d'une heure ;
nous avions pour compagnons un vieux
sergent de canonniers porteur d'une figure
de probité, et un jeune bijoutier de Paris
avec lesquels nous avions foit toute notre
route, tant par eau qu'à cheval ; nous
avons soupé ensemble.

Le lendemain 15, nous avons été voir la
mer, et l'envie nous prit de nous y baigner,
ce que nous fîmes immédiatement ; nous
visitâmes ensuite le port et le grand bassin,
qui contenoit deux cent cinquante gros
vaisseaux marchands ; nous entrâmes dans

une corvette qui, dans la dernière guerre,
servoit de frégate; le capitaine nous offrit
obligeamment de nous la faire voir dans
les plus grands détails ; nous avons ensuite
vu les jetées et la citadelle, environnée de
fossés larges et profonds, dans lesquels on
foit venir facilement les eaux de mer ; puis
nous sommes revenus diner à notre hôtel,
où nous avons mangé des moules, des écre-
visses de mer et de la raie ; après le dîner,
nous avons parcouru la ville qui n'est pas
belle et vu le phare, qui est à une distance
assez grande de la ville, avancé en mer sur
un escarpement élevé, afin d'être vu de plus
loin et de bien diriger les vaisseaux qui
entrent la nuit dans le port ; nous avons vu
ensuite l'arsenal meublé de tout ce qui a
rapport à la navigation. Les maisons du
Havre, ainsy que les rues, sont assez laides ;
ces dernières, presque toutes étroites ; les
seuls bâtimens méritant d'être remarqués
sont l'hôtel de ville et l'église de Notre-

Dame, qui a un fort beau portail d'un goût
bizarre ; les promenades publiques ne sont
autre chose que de longues avenues sans
aucuns ornemens, pas même des bancs pour
s'asseoir.

Nous sommes allés au spectacle ; la salle
est petite et mal décorée, mais les acteurs
très bons ; ils donnoient, ce jour-là, *la Ser
vante maitresse* et *le Baron ;* nous avons ensuite soupé à notre hôtel ; nous étions logés
aux Armes de la ville, chez de fort honnêtes gens, qui ont eu beaucoup d'égards
pour nous ; il foit très cher vivre au Havre.
Nous sommes partis, à dix heures du soir,
dans la diligence, pour regagner Rouen ;
nous avons fait ce voyage avec trois Anglois qui n'entendoient pas un mot de françois, et un soi-disant petit-maître françois,
de fort mauvaise mine.

Dès qu'il a été jour, nous avons joui du
spectacle de la campagne, aussy riche et
varié que possible ; chaque pas nous faisoit

découvrir de nouveaux paysages, des cô
teaux et des plaines couvertes de pommiers;
de distance à autre, quelques maisons, tan
tôt isolées, tantôt groupées et entourées
d'arbres; nous avons traversé Harfleur, Saint.
Romain, Bolbec, Yvetot et Barentin ; nous
arrivâmes à Rouen, à onze heures du matin, et nous descendîmes encore à *la Pomme
de pin*. Cette auberge est située non loin
de la cathédrale, dans la petite rue Saint-
Jean ; il y a une fort bonne table d'hôte,
où l'on est fort bien à quarante-deux sols,
et nous n'avons eu qu'à nous louer de l'au-
bergiste, qui fut rempli de bons procédés,
quoique nous fussions fort simplement vê
tus; lors de notre premier passage, sçachant que nous devions revenir, il ne voulut
point recevoir le prix de notre écot, et se
chargea de faire blanchir notre linge, qu'il
nous rendit très exactement.

Après dîner, nous avons parcouru la ville,
qui est considérable, mais bâtie d'une façon

tout à fait antique : ainsy qu'au Havre et à
Honfleur, les maisons sont en bois ; les
églises, en très grand nombre, sont de
toute beauté, notamment celle des Béné-
dictins et Saint-Ouen ; on compte, à Rouen,
trente-deux paroisses et près de cent mille
habitans ; ce qui est à noter, c'est que les
maisons sont beaucoup plus étroites par le
bas que par le haut ; chaque étage avance
au-dessus de celui qui le précède, de sorte
que, dans les rues étroites, les toitures se
touchent presque, et, en marchant contre
les murailles, on est toujours à l'abri de la
pluie ; des bâtons posés au-dessous des
croisées d'une maison à l'autre, servent à
faire sécher le linge et aussy parfois à autre
chose ; car nous nous laissâmes conter que
les amoureux pénètrent chez leurs belles
par ce moyen ; les connoissances doivent se
faire facilement ; car il n'est guère possible d'être chez soy, quand la maison d'en
face est aussy rapprochée ; les signes de vis-

à-vis à vis-à-vis s'échangent d'abord, puis les paroles, et enfin le reste.

Nous nous sommes rendus au port, occupé en ce moment par une cinquantaine de vaisseaux marchands ; nous avons examiné le pont de bateaux, chose toute nouvelle pour nous, et vraiment très curieuse : ce sont des bateaux liés ensemble, engrenés les uns dans les autres, et recouverts chacun d'un tablier ; quand on veut laisser le passage pour les vaisseaux, on détache quelques-uns de ces bateaux, puis on les remet ensuite à leur rang, dès que le bâtiment est passé. Nous vîmes aussy la Bourse, qui est une longue allée en forme d'arcades sous lesquelles se traitent toutes les affaires relatives au commerce de Rouen. On nous montra aussy le lieu où, près de là, la Pucelle, notre illustre compatriote, fût brûlée ; la petite place où le supplice eut lieu conserve un aspect funèbre ; est-ce l'effet des maisons sombres, de la con-

struction ancienne, ou simplement le souvenir de ce fait barbare? je ne sais, mais
toujours est-il qu'on se sent en proie à une
émotion analogue à ce qu'elle pourroit être
si la chose avoit eu lieu récemment; et on
croit voir sur ce pavé le bûcher, et, au milieu des flammes, la jeune guerrière tortu-
rée.

Pour nous distraire de cette impression
pénible, nous sommes allés au spectacle où
une surprise assez singulière nous attendoit ; la salle, fort spacieuse, étoit absolument vuide : trois femmes ; pas un seul
gentilhomme, et point de peuple ; huit à
dix militaires et nous, voilà tout le public,
et cependant la troupe jouoit, y étant obli-
gée; mais cela paroissoit tout à fait extraordinaire, et triste. Ce vuide se maintient depuis trois mois pour une pique entre le directeur et le public ; le directeur a refusé
de former un ballet ; les habitans ayant
insisté, il les a prévenus que, s'il se rendoit

17

à leur désir, le prix des places seroit tiercé ;
comme on sçoit que les bénéfices du directeur sont plus que suffisans pour faire cette
augmentation dans sa troupe, le public
s'est obstiné, et, depuis Pâques, le théâtre
est ainsy désert, et le sera jusqu'au moment où on aura mis le directeur à la raison. La troupe est nombreuse et excellente ;
la salle, richement décorée, a quatre rangs
de loges. Il est à noter que la querelle entre les spectateurs et le Directeur a aussi
mis le trouble dans les relations de quelques seigneurs avec les demoiselles du
théâtre ; elles sont mécontentes de ne plus
avoir les applaudissemens de leurs teneurs,
et inquiètes de la concurrence qui leur seroit faite par les demoiselles du ballet ;
tout cela a donc fait grand tapage dans la
ville, où on ne parle, parait-il, habituelle-
ment que du théâtre et du commerce.

Le boulevard est la promenade la plus
fréquentée de Rouen ; il est fort étendu, et

l'on y peut jouir d'une ombre agréable ;
nous nous sommes arrêtés dans une guinguette où nous avons pris une bouteille de
bon cidre ; cette boisson rafraîchissante
a quelque rapport avec le vin de Champagne pour la force et le piquant, mais a,
en plus, un petit goût acidulé. Nous sommes rentrés à notre hôtel avant dix heures
pour nous indemniser du peu de sommeil
que nous avions pris les jours précédens,
et nous sommes restés au lit jusqu'au lendemain neuf heures du matin.

Le dimanche 17 juin, nous avons d'abord
été chez M. Jarry, procureur au parlement,
celui dont nous avions foit la connoissance
dans la galiote ; nous l'avons trouvé dans
son étude, où il nous a reçus fort honnêtement, nous offrant même de nous faire
voir le palais de justice, lieu fort curieux
par sa beauté et son ancienneté. et que
nous désirions connaître. Nous nous sommes informés d* la santé de sa prétendue

épouse, qui étoit, nous dit-il, indisposée depuis son voyage. Comme madame Jarry
n'étoit point encore à sa toilette, nous sommes allés faire un tour de ville. Nous sommes entrés dans plusieurs églises, ne pouvant nous lasser d'admirer ces œuvres merveilleuses de l'architecture des tems les
plus reculés ; nous avons voulu revoir la
cathédrale plus en détail ; il y a, de chaque côté du chœur, des grillages en cuivre
ouvragés avec le plus grand art, et entretenus avec la plus grande propreté ; ces grillages ont au moins quinze pieds de haut ;
nous avons visité divers tombeaux, notamment celuy de la famille d'Amboise ; le
cardinal est représenté en marbre ; il y a
à Rouen tant de choses antiques, et si peu
de modernes, qu'on s'imagine en fesant un
voyage dans cette ville qu'on en foit un
dans l'histoire ; on se croit à l'époque re-
culée des monumens que l'on visite, et, à
la place des passans vêtus à la mode ac-

tuelle, on s'attend à apercevoir, dans ces
rues si anciennes, un duc de Normandie,
suivi de ses hallebardiers.

A midy et demy, nous sommes retournés chez notre procureur, qui, à notre grand
étonnement, nous a fait l'aveu qu'il n'étoit
point marié ; nous lui avons témoigné, en
plaisantant, notre surprise et notre mécon-
tentement de l'erreur dans laquelle il nous
avoit jetés ; nous avons foit tout notre possible pour sçavoir le nom de la princesse à
qui nous nous proposions d'aller faire notre cour ; mais il ne se soucia pas de con-
tenter notre désir, et encore moins de nous
dire où elle demeuroit ; tout en éprouvant
de son refus une privation, car la donzelle
étoit, par ma foi, fort avenante, je ne sçau-
rois le blâmer d'avoir, en cette circon-
stance, agi avec prudence, chacun, pour
être sage, devant songer d'abord à son
propre contentement en ce qui concerne
les affaires de cette sorte.

M. Jarry, pour nous dédommager, sans
doute, nous conduisit lui-même au palais
de justice, dont il fit ouvrir toutes les portes : la grande chambre, très élevée, est
très bien éclairée ; le plafond est admirable et réputé pour tel ; toutes les salles
portent également l'empreinte de la plus
haute antiquité; dans la chambre du conseil, il y a un tableau de Jouvenel, d'un
grand mérite; il représente le Génie de la
France fesant la guerre à la Chicane et
l'exterminant, puis la Religion et les Vertus se félicitant de ce succès ; ce tableau
fut commencé par le peintre de sa main
droite ; mais, devenu paralytique, il l'a-
cheva de la gauche. L'on nous a foit voir
également la salle des procureurs, qui est
sous une voûte longue et très élevée ; l'on
voit encore, au fond, la table de marbre où
siégeoient les officiers de cette juridiction;
dans cette salle, chaque procureur de par.
lement a son petit atelier, ainsy qu'à Pa-

ris ; la façade du palais est très noble, et
le premier président a la jouissance d'un
hôtel qui communique au palais. M. Jarry
nous a ramenés à notre hôtel, et, avant
de nous quitter, il nous demanda notre
adresse ; nous nous sommes séparés très
bons amis; mais probablement nous ne
nous reverrons jamais, vu que nous habi-
tons des pays fort éloignés l'un de l'autre.

Nous avons dîné à table d'hôte, et sommes sortis de Rouen à quatre heures après
midy ; nous avons gagné pédestrement le
Pont-de-l'Arche, qui en est distant de trois
lieues ; c'est une petite ville, actuellement
fort peu considérable, mais qui néanmoins
a foit époque dans l'histoire, à raison du
siège qu'elle a soutenu pendant les guerres
de la Ligue contre Henry IV. Nous y avons
couché à l'*Image de Saint-Pierre*, chez de fort
braves gens, où nous nous sommes repo-
sés de neuf heures du soir à sept heures du
matin. Le lundi 18, nous sommes partis

du Pont-de-l'Arche à pied ; nous avons déjeuné à deux lieues de là, dans un pré, sur
le bord d'un ruisseau ; le déjeuner consis-
toit en une tranche de veau froid et de
l'eau-de-vie, dont nous avons toujours eu
soin d'être nantis pendant notre voyage.

Nous sommes arrivés au Roulle à onze
heures ; nous y avons mangé un bon bar-
beau ; après le dîner, nous nous sommes
embarqués de nouveau dans la galiote,
et nous avons foit, en sens inverse, le même
trajet qu'à notre premier passage, avec la
différence pourtant que, de Roboise à Poissy, nous avons voyagé de nuit ; comme cette
fois-ci nous remontions la rivière, nous
avons mis neuf heures pour faire huit
lieues ; il a fallu, cette nuit-là, coucher absolument sur la dure, au milieu des indi-
vidus de toute espèce qui composoient la
voiture, mais nous avons été fort divertis
par les discours d'une échappée femelle de
couvent ; singulier mélange de sacré et de

profane, elle a foit l'amusement de tous les
passagers. C'étoit une fille qui, sans avoir
les agrémens d'une religieuse aimable, en
avoit les petitesses, jointes à une envie dia-
bolique de jeter sa coëffe par-dessus les
moulins ; elle nous raconta qu'on l'avoit
foit entrer au couvent contre son gré ;
elle en étoit sortie en grimpant le long d'un
espalier jusqu'au sommet d'un mur d'où
elle s'étoit laissée glisser sur le chemin, et
tout porte à croire qu'elle glissera plus
d'une fois sur sa route : cette malheureuse,
qui a grand'peur d'être poursuivie, désire
évidemment trouver un protecteur.

Sortis de la galiote, le 19 juin à sept
heures du matin, nous nous sommes mis
sur-le-champ en route quoique bien fatigués. Nous avons regagné Paris en passant
par Saint-Germain, Chatou et Nanterre, où
nous avons déjeuné ; nous en étions à peine
sortis, que nous avons été surpris par une
pluie abondante qui ne nous a pas quittés

18

jusqu'à Paris; mais, grâce à nos manteaux
gommés, nous n'avons point été traversés :
ces manteaux attirèrent l'attention sur
nous dans tous les lieux où nous passions.
Nous sommes rentrés à Paris, à deux heures, bien crottés et les pieds mouillés. Nous
avons fait allumer un grand feu, puis nous
avons pris une bavaroise, et nous nous
sommes couchés. A cinq heures, M. Plessis
est venu nous voir ; nous nous sommes
relevés pour souper ensemble, et faire la
veillée.

Le 20 juin, nous sommes sortis à dix
heures du matin pour nos dernières acqui-
sitions ; nous avons eu fort mauvais temps,
et, après avoir parcouru tout Paris, nous
sommes venus nous réfugier au palais
Royal, d'où nous avons été dîner au passage
des Petits-Pères. Le soir, Jacquinot est allé
aux Italiens, où l'on donnoit *Nina* et *la
Mélomanie*, et, moy, aux Variétés, où l'on a
joué *l'École des amis*, *le Consentement inat-*

tendu, et *le Mariage de Borago,* pièce très bouffonne ; nous nous sommes rejoints à l'hôtel, où nous avons encore foit un petit souper fort agréable.

Le lendemain 21, nous sommes allés faire nos adieux à différentes personnes ; puis, à dix heures, nous avons été au palais Bourbon pour voir les petits appartemens ; nous étions munis d'une carte du Prince à notre adresse, donnant ordre de nous les faire voir. Il n'est point surprenant qu'on les regarde comme une des curiosités de Paris ; ils méritent fort l'admiration ; tous les appartemens sont meublés avec la plus grande recherche, le goût le plus parfait et la plus superbe magnificence, sans que les richesses aient l'air d'y être entassées ; le salon surtout est particulièrement remarquable ; le dôme paroît environné de glaces de tous les côtés, et le jour ne vient que du sommet, par les intervalles ménagés sans qu'on puisse se rendre compte de cet arran-

gement. Les peintures les plus délicates
décorent les murailles ; tout autour de ce
selon des girandoles d'un travail admirable
doivent produire un merveilleux effet quand
les bougies allumées se reflètent dans les
glaces, et font miroiter de leurs feux les
cristaux étincelans qui ornent ces guirlan-
des ; la lumière se reproduit en tout sens,
et le coup d'œil est, dit-on, unique en ce
genre ; mais ce qui est le plus curieux,
c'est que, dans un clin d'œil, le dôme
descend et s'abaisse, le plafond devient uni,
et, également au moyen d'un ressort, trois
glaces, disparoissant, laissent voir trois croisées ayant jour sur un parterre des plus
agréables ; on peut juger de la surprise
qu'occasionne un pareil spectacle. On nous
fit voir un cabinet dans lequel sont rassemblés les portraits de tous les princes de la
famille royale tenant à la branche de
Condé ; plus loin se trouve une galerie de
peinture contenant des morceaux très pré-

cieux ; la chambre à coucher du prince,
ainsy que son cabinet de travail, sont d'un
goût supérieur.

Nous nous sommes ensuite promenés
dans le parterre, petit, mais fort galant ;
la verdure est superbe ; et il y règne la
plus grande fraîcheur ; il y a beaucoup de
berceaux en treillages ; au milieu se trouve
une loge dans laquelle un groupe en marbre représente une mère caressant son fils ;
le naturel et l'expression de ces figures sont
émouvans ; nous sommes sortis remplis
d'admiration pour cette partie du palais,
qui l'emporte de beaucoup sur les grands
appartemens quelque superbes qu'ils soient ;
c'est aussy ce qu'en ont pensé MM. Henry et
Plessis, que nous y avions amenés avec
nous. Nous les avons quittés pour rejoindre
MM. Cunien et Bizot, qui nous offroient
à dîner chez un restaurateur ; comme le
temps étoit fort mauvais, le reste de la
journée nous sommes restés à notre hôtel

pour faire les dispositions pour notre départ; puis nous avons offert une collation
à MM. Henrion, Guerre et Plessis; ce
dernier nous avoit apporté deux bouteilles
de champagne d'une qualité recomman-
dable; et, le lendemain, à six heures du
matin, nous nous sommes emballés dans
la diligence.

Nous y avons trouvé un jésuite fort honnête homme et point cagot; un riche
éperonnier de Paris avec son fils; le père
se ressent beaucoup de la rudesse de sa
profession, et, quoique domicilié dans la
capitale depuis plus de trente ans, n'a pris
aucun vernis; le sieur Bouthaux, libraire à
Nanci; il nous a dit être Auvergnat, et
nous a foit voir l'astuce dont ses compa-
triotes peuvent être capables; outre deux
Anglois, qui ne sçavoient point un mot de
françois, il y avoit encore un entreposeur
d. tabac de Lunéville, qui, quoiqu'assez
bon diable, paroissoit avoir une haute idée

de sa capacité. Nous n'avons eu, du reste,
qu'à nous louer de l'honnêteté de tous les
voyageurs.

Sortis de Paris à six heures, nous avons
dîné à Meaux très bien, mais on nous prit
il est vrai, quarante-cinq sols, et, le soir,
nous avons couché à Château-Thierry ; c'est
une petite ville située sur la Marne ; les
maisons sont bien bâties ; nous n'eûmes pas
à nous plaindre du souper, qui fut fort
honnête, et à fort bon compte. Nous sommes repartis à trois heures du matin, pour
aller dîner à Épernay, renommée pour
son vin ; comme il n'étoit que dix heures,
et qu'aucun de nous n'avoit grand appétit,
nous nous sommes contentés d'œufs et de
beurre frais, dont nous avions fixé le prix,
ainsy que celui du vin, ce qui mécontenta
fort l'hôtesse, qui eût voulu nous faire payer
ce mauvais repas aussi chèrement qu'un
bon, ce que les aubergistes ne manquent
jamais de faire en pareil cas ; notre déjeuner

nous coûta dix-huit sols pour chacun. Épernay est une très petite ville. Nous en
sommes partis à une heure après midy, et
nous sommes arrivés à Châlons à cinq ;
l'on y a foit la fouille de la diligence. On
nous fit descendre *au Palais-Royal,* mais,
comme plusieurs de l'équipage connois-
soient l'hôtel, nous avons commencé par
nous faire donner un état de ce que l'on
nous serviroit et de ce que l'on nous feroit
payer. Madame Appert, femme avide et
intraitable, n'ayant pas voulu démordre de
ses prix exorbitans, nous sommes sortis de
chez elle, au nombre de huit, et nous
sommes allés *à la Pomme d'or,* où l'on nous
a servi la chère la plus délicate que j'aye
mangée dans tout mon voyage ; notre soupe''
avec le gîte, les vins étrangers et la liqueur,
ne nous est revenu qu'à trois livres ; nous
nous sommes promenés longtemps dans la
ville, et dans les superbes promenades de
Châlons.

Le lendemain, nous sommes partis à
trois heures du matin, ayant chargé les
domestiques du *Palais-Royal* de remercier
leur maîtresse de nous avoir procuré un
excellent souper, en nous forçant par ses
procédés à quitter sa méchante auberge.
Nous avons suivi, depuis Châlons, la même
route qu'en venant de Nancy à Paris, et que
j'ai décrite, lors de notre départ. Notre
voyage s'accomplit sans accident, sauf qu'à
une descente rapide, en sortant de Saint-
Aubin, nos postillons n'ayant pas voulu
enrayer, les chevaux s'abattirent, la diligence passa sur les jambes de l'un des
postillons, et l'autre fut à moitié écrasé ;
nous les laissâmes entre les mains de gens
charitables, et les deux Anglois eurent
l'obligeance de monter à cheval, et de conduire la diligence jusqu'au relays suivant ;
puis notre voyage se termina sans autre
aventure.

Arrivés aux baraques de Toul, nous y

trouvâmes Thiry, qui nous y attendoit pour déjeuner ; nous fîmes nos adieux à la diligence, qui nous témoigna fort honnêtement son regret de nous quitter, et nous revînmes à Nancy par le Champ-les-Bœufs et Boudonville ; de là, nous avons regagné la maison paternelle où nous avons joui, chacun de notre côté, du plaisir qu'a paru faire notre retour après ce long voyage.

FIN

PARIS. — IMP. P. MOUILLOT, 13, QUAI VOLTAIRE. — 27490

www.ingramcontent.com/pod-product-compliance
Lightning Source LLC
Chambersburg PA
CBHW052059090426
42739CB00010B/2246